Catherine Opie,
Sunrise, 2009

寂靜

聆聽寂靜

什麼是寂靜
何處可尋
寂靜為何如此重要

厄凌·卡格 ERLING KAGGE
謝佩妏 譯

I

三個問題，三十三個探索

無法藉由散步、爬山、出海遠離這世界時，我學會把世界關在門外。

學會這件事需要時間。唯有瞭解自己對寂靜有著根本的需求，才得以開啟我對寂靜的追尋。車流、思緒、音樂、機械、手機、鏟雪車，種種聲音爭相入耳，眾聲喧譁之下，寂靜就在那裡等著我。

不久前，我一心想說服三個女兒，世界的奧祕就藏在寂靜之中。那天是禮拜天，我們在家裡吃晚餐。現在平日週間總是有一堆事要忙，一起吃飯對我們來說愈加難得。禮拜天晚餐，變成我們一家人可以坐下來面對面聊天的寶貴時間。

三個女孩看著我，一臉懷疑。寂靜不就是……什麼都沒有？甚至還沒等我解釋寂靜也可以是良師益友，比她們夢寐以求的ＬＶ包包更有價值，她們就已經認定：傷心難過時，寂靜唾手可得還不錯。除此之外，寂靜就毫無用處。

坐在餐桌前，我突然想起她們小時候對事事都充滿好奇。好奇一扇門後藏了什麼東西；看到電燈開關就眼睛發亮，要我「燈開開」。

提出問題，找出答案，再提出問題，找出更多答案。好奇是驅動生命的引擎。但我的三個女兒已經分別十三歲、十六歲和十九歲，好奇的事物愈來愈少。就算對什麼好奇，也會馬上拿出智慧型手機搜尋答案。她們仍然對世界感到好奇，但臉上稚氣漸脫，日漸成熟，腦袋裡愈來愈多抱負理想，愈來愈少好奇提問。三個人都沒興趣跟我討論寂靜的話題，所以為了引起她們的興趣，我跟她們說了兩個朋友的故事。這兩人決心要挑戰世界第一高峰——聖母峰。

某年某月某日的一大早，他們離開基地營，攀越聖母峰的西南山壁。過程相當順利，兩人都如願攻頂，但暴風雨卻在此時來襲。他們很快就知道自己不可能活著下山。第一個朋友用衛星電話聯絡上懷孕的妻子，兩人一起為她腹中的寶寶取了名字，之後他就在峰頂底下不遠處寂寂過世。另一個朋友死前未能聯絡上任何人。沒人知道那幾個小時山上發生了什麼事。由於海拔八千公尺之處氣候乾冷，兩人的屍體都在原地冷凍乾燥。他們躺在寂靜之中長眠，跟我二十二年前最後一次看到他們時，幾乎沒有兩樣。

餐桌上第一次安靜下來。有支手機傳來簡訊，響了一聲，但是當下沒人想到要去查看，反而任由寂靜將我們填滿。

過沒多久，我受邀到蘇格蘭的聖安德魯斯大學演講，講題可以自訂。以往，我多半會分享世界盡頭的極地之旅，但這一次，我的思緒卻飄回家裡，指向那個禮拜天的全家晚餐。最後我選定「寂靜」作為講題。雖然做了充分的準備，事前我還是不免緊張。寂靜相關的隨思雜想，會不會只適合星期天的餐桌，不適合大學講堂？我並非擔心十八分鐘的演講會招來噓聲，而是希望台下學生對我心心念念的主題產生共鳴。

演講開始，我以一分鐘的寂靜開場。全場靜默，鴉雀無聲，連一根針掉在地上也聽得到。接下來十七分鐘，我不只談了**外在的寂靜**，也談了**內在的寂靜**；對我來說，後者甚至比前者更重要。台下學生靜靜聆聽，彷彿對寂靜渴求已久。

當晚，我跟幾位學生前往酒吧敘談。進了通風的入口，每個人都叫了一杯啤酒，此情此景跟我當年在劍橋讀書時相差無幾。周圍氣氛熱烈，熱情好學的人圍繞著我，有趣的話題一個接一個。這些學生問了我三個問題，希望我給他們答案：**何謂寂靜？寂靜何處可得？為什麼寂靜變得前所未有的重要？**

那一晚對我意義重大，但不只是因為大家相談甚歡。多虧了那群學生，我才知道自己懂得很有限。回家後，這三個問題持續在我腦中打轉，縈繞不去。

何謂寂靜？寂靜何處可得？為什麼寂靜變得前所未有的重要？

每晚我都會坐下來思索這三個問題。我開始寫作、思考和閱讀，但更多是為了自己，而不是他人。

以下是我為了回答這三個問題而展開的三十三個探索。

II

1

無人記得的愛

日常生活種種，追根究柢就是**好奇**兩個字。好奇是我能想像到的一種最純粹的喜悅。我喜歡好奇的感覺，也經常好奇，幾乎隨時隨地都感到好奇，無論旅行、閱讀、認識人、坐下來寫作、感覺到自己的心跳，或看見日出的時候都是。好奇是人類與生俱來最強大的力量，也是我們最巧妙的技能。不僅對我這樣的探險家如此，對父親或對出版商來說，好奇也同樣重要。我喜歡好奇的感覺，尤其不受干擾的時候更好。

科學家可以發掘宇宙的真相，我也曾經懷抱科學夢，但那條路就是不適合我。從以前到現在，我對所有事情的看法幾乎都已經改變。我的好奇心主要是對好奇心本身的好奇，因為好奇而好奇。

這本身就是一趟小小的發現之旅，但也可能是一顆種子，日後會發芽，長出新的可能。

有時候，好奇並非出於自願。不是出於我自己的選擇，而是因為我不甘心就此放手。過去的不堪回憶湧上心頭，一個念頭或一段經驗一點一點啃噬我，我無法不去想其中代表的意義。

有天晚上，我表姊來家裡吃飯。她給了我一本挪威小說家及劇作家喬恩・弗斯（Jon Fosse）的詩集。表姊走了以後，我躺在床上翻詩集，正要關燈睡覺之前，一串字浮現眼前：**有種無人記得的愛**。他指的是什麼？一種沉睡已久、隱而不見的愛？他指的會是寂靜嗎？好詩讓我想到偉大的探險家。精準到位的文字能擾動我的思緒，就像我年少時讀過的探險家紀錄。睡前，我決定明天早上就寫信給弗斯，問他關於這句話的意義，向他請益。

隔天，我寄出電子信才過六分鐘，就收到弗斯的回信。他回我：「某方面來說，那就是寂靜在對你說話。」對方回信速度之快，彷彿一直在等著我發問一般，雖然那不太可能，畢竟我們已經多年沒聯絡了。

寂靜確實**應該**對你說話，你也應該與寂靜交談，這樣才能善用現下的無限可能。「或許那是因為寂靜伴隨著好奇而來，但它本身自有其壯闊的一面，像一片海洋，或一望無際的雪白大地。」他說：「面對這種壯闊，誰不是好奇讚嘆，或是望而生畏。這就是那麼多人害怕寂靜（也是為什麼音樂**無所不在**）最可能的原因。

我知道弗斯說的那種害怕。那是對於某種你無法確認的事物隱約感到不安。那種不安很容易讓人活得渾渾噩噩，忙這忙那，躲避寂靜，眼中只看見手邊的工作。整天發簡訊、放音樂、聽廣播，任由思緒亂轉，怎麼也不願意停下來，把世界關在門外片刻。

我想，弗斯所謂的害怕，就是害怕深入瞭解自己。每次我設法躲避寂靜，就證明了自己的軟弱。

2

一種震耳欲聾的靜

南極洲是我去過最寂靜的地方。我獨自一人走向南極，在那片千篇一律、一望無際的遼闊大陸上，除了我發出的聲音，沒有其他人類的聲音。獨自踏雪前行，深入皚皚廣漠，我感覺得到、也聽得到寂靜。（載我到南極洲北端的航空公司強迫我帶無線電裝置下去，而我下飛機前做的最後一件事，就是把電池丟進垃圾桶。）

我往南走，橫越世界最冷的大陸，一哩又一哩，直到地平線的盡頭。放眼望去，一切顯得雪白又平坦。腳下，七百萬立方英里的冰塊綿延而去，緊貼著地球表面。

最後，在徹底孤絕下，我逐漸發現，其實沒有一樣東西完全平坦。冰雪組成大大小小的抽象形狀。千篇一律的白，轉變成深淺不

一、千變萬化的白。雪的表面有一絲絲藍，一小抹紅和綠，還有些微粉紅。沿途風景不停變換，但是我錯了。周圍風景並無改變，改變的是我。旅程的第二十二天，我在日記上寫下：「在家我喜歡『大口享受』，在這裡我漸漸學會珍惜小小的喜悅。冰雪色彩的細微變化。風漸緩。雲朵成形。寂靜。」

小時候我很迷蝸牛。蝸牛可以帶著自己的家四處流浪。到南極洲探險期間，我對蝸牛又更加讚嘆。我把整趟旅程所需的全部食物、裝備和燃料都放在雪橇上，從不開口說話。我閉上嘴巴，沒有無線電可跟人通訊，五十天來也沒看過任何生物。每天除了滑著雪橇往南走，什麼事也不做。即使綁東西的繩子斷了或差點摔進裂縫，惹得我不大高興，也不會開口咒罵。咒罵讓人心情低落，讓原本就陰霾籠罩的心情更差。因為如此，探險時我從不飆髒話。

在家時，總是有車子經過、電話鈴響、手機嗶嗶叫或嗡嗡響，或有人在說話、竊竊私語或大吼大叫。噪音這麼多，要全部聽進去很難。在這裡不同。自然透過寂靜在對我說話。愈是安靜，我聽到的愈多。

每次我停下來休息，如果風剛好停了，周圍就有一種震耳欲聾的靜。風靜止時，連雪也看似寂靜無聲。我愈來愈留意我置身的世界。我既不無聊，也不覺得受到打擾。我跟我的意念和思緒單獨在一起。未來不再重要。過去也無足輕重。我只存在於生命的此時此刻。哲學家海德格說，**一旦你投身世界，世界就消失了**。正是這種感覺。

我成了周圍環境的延伸。無人可訴說，於是我開始跟自然對話。思緒越過平原，向山的那頭放送，其他意念又傳送回來。

在南行的日記中，我寫下：人總會以為自己無法前往、無法體驗或親眼看見的大陸，就沒有太大價值。人需要去過一個地方、在那裡拍過照、分享過那裡的照片，才認為那個地方有意義。第二十七天，我寫下：「南極洲對大多數人來說，仍然是個遙遠未知的地方。走著走著，我愈加希望它永遠如此。不是因為我吝於跟其他人分享這塊大陸，而是因為南極洲作為一塊未知的大陸，自有其特殊的任務。」我相信我們需要尚未探索透徹和徹底標準化的地方。世界上仍有一塊神祕未知、人類幾未染指的大陸，「那可以是我們想像中的一塊國度。」對我的三個女兒和未來的世世代代，這可能是南極洲最大的價值。

走向南極的祕訣無他，就是一步接著一步，直到累積夠多步為止。單純從技術上來說很簡單。就算是一隻小老鼠，小口小口吃，總有一天也會吃掉一頭大象。難的是動力。最大的挑戰是在零下

五十度的寒冽早晨醒來，面對跟極地探險家羅爾德．阿蒙森（Roald Amundsen）與羅勃．史考特（Robert Scott，譯註：約一世紀前，兩人率領的探險隊前後抵達南極）當年一模一樣的景象。

下一個最大的挑戰是？跟自己和平相處。

我走到哪兒，寂靜就跟到哪兒。與世隔絕，天地為我獨有，我不得不進一步思索原本就在腦中的意念——還有感受，這才是更大的考驗。南極洲是世界上最大的荒漠，主要由水組成，日照時數比南加州還長。你想躲也無處可躲。我們在文明世界裡說的善意謊言和違心之論，在遙遠的此地完全失去了意義。

若你以為我沿途思索人生真理，那你就錯了。有時候，寒風和低溫像一把冰冷鐵鉗夾住我，讓我冷到淚水奪眶。鼻子、手指和腳趾慢慢失去血色，變得麻木。身體某些部位凍傷，就會開始覺得痛，接著痛的感覺又會逐漸減弱。身體回暖之後，痛的感覺再度復返。

光是讓身體暖起來，就耗盡我全部的體力。讓凍壞的身體回暖，比一開始凍到麻木還要痛。過了大半天，等身體重新暖和起來，我又有力氣做白日夢了。

美國人連在南極都設立了基地。科學家和維修人員會在那裡住上幾個月，過著與世隔絕的生活。有一年，總共有九十九個人在基地裡共度聖誕節。有個人偷偷帶來九十九顆石頭，分給一人一顆當作聖誕禮物，也不忘給自己留一顆。大家已經好幾個月沒看過石頭，有人甚至超過一年，觸目所見不是冰雪，就是人造物件。因此，所有人看了又看，摸了又摸，把石頭放在手心裡，感覺它的重量，默默體會，不發一語。

3

有個人站在月球上俯瞰地球

前往南極途中，我想像**有個人站在月球上**俯瞰地球。地球上沒有任何聲音能橫越將近二十四萬英里遠，傳進他耳中。但他可以看見我們的星球，並任由視線飄移到遙遠的南端。在那裡，他看見一個男孩，身穿藍色禦寒外套，在冰雪裡跋涉，愈走愈遠，只在傍晚時停下來紮營。隔天，男孩又會爬出帳棚，重複同樣的儀式。月球上的男人看著男孩朝同樣的方向前進，日復一日，週復一週。他一定覺得這傢伙瘋了。

傍晚時分，正當我要結束一天的行程、停下來紮營之前，我望著天空，想像月球上的男人把目光移向遙遠的北方。他可以看到底下千千萬萬人一大早就走出自己的小窩，在車流裡枯坐幾分鐘或一

小時，宛如一部默片。接著，他們來到一棟棟高樓大廈，在裡頭待上八個、十個，甚至十二個鐘頭，成天坐在電腦前，直到再度投入跟早上同樣的擁擠車流，回到小小的住家。回家之後，他們一如往常，在同樣的時間吃晚餐、收看電視新聞。日復一日，年復一年。

唯一的不同是，過了幾年，有些人（或許是其中最有野心的人）會搬到稍大一點的房子裡消磨夜晚。那天晚上，我卸下滑雪板準備紮營時，心裡稍微平靜、滿足了些。

4

接近一種概念、一種想法

我在學校裡學過聲波，知道聲波是實體的存在，可以用分貝加以測量。不過，用數字來測量聲音，總覺得少了什麼。寂靜更接近一種概念、一種想法。外在的寂靜或許豐盈美好，但內在的寂靜更有意思。每一個人都應該創造這樣的寂靜。我已經不再刻意追求外在的徹底寂靜。我想要的寂靜不假外求，就在方寸之間。

我曾經問過一個世界級的足球選手，人在球場上，置身於萬頭攢動的運動場之中，當他把球咻地射進球門的那一剎那，**他體驗到**的是什麼樣的聲音。他的回答是：踢進球的當下，他一點聲音也聽不到，儘管周圍的聲音快速飆高。緊接著，他大呼一聲，他是第一個知道自己射門得分的人，但球場對他來說仍然一片寂靜。第二個知道球射進球門的是他的隊友，他看到隊友高聲歡呼，接著球迷也看見了，全場大聲歡呼。整個過程只有一、兩秒。

當然了，實際上，球場從頭到尾都處於高分貝的噪音之中。

我相信每個人都能夠發掘內在的寂靜。它一直都在，即使噪音不絕於耳時也是。海洋深處，重重波浪和漣漪之下，內在的寂靜就在那裡。站在蓮蓬頭下讓水沖下腦門、坐在畢剝作響的火堆前、游泳橫越林中湖泊、徒步穿越原野，凡此種種都可以是完美寂靜的體驗。我樂此不疲。

在奧斯陸要找到寂靜稍微困難一些。我在市區工作，有時候不得不在那裡打造屬於我的寂靜。假如噪音太多，我只好把音樂的音量調高，不過是為了阻絕其他噪音，而不是製造更多干擾。若播放的音樂是我熟悉的音樂，不會讓我感到意外，這個方法似乎有效。

只要真心渴求，即使在機場跑道上也能感受到寂靜。有個朋友告訴我，他只有在開車時才能享受徹底的寂靜。

挪威有句諺語說，**事在人為**。所以，最重要的不是你處於何種狀態，而是你創造出何種狀態。大自然中的寂靜，對我來說是最寶貴的寂靜，是我最舒適自在的地方。雖說事在人為，但如果城市生活無法讓我享有寂靜，無法滿足我對寂靜的渴望，那麼我還是得回到大自然之中。

北極是一片被大陸包圍的海洋，南極是一塊被海洋包圍的大陸，兩者剛好相反。在北極冰原上往北走時，周圍各種聲響此起彼落，源源不絕。北極海有三千公尺深，上頭覆蓋著冰雪。冰雪在風和洋流的推送下移動。巨大的白色冰層跟自然力量搏鬥時，會發出轟隆巨響。冰層較薄處或許只有一吋厚，人走過去時會歪向一邊，劈啪作響。

一九九〇年，我跟探險家博格・奧斯蘭（Børge Ousland）抵達北極。隔天，剛好有架美國偵察機飛過北極上空。飛行員大概跟我們一樣驚訝，壓根沒想到會在北極看到其他人影。為了對兩名餓壞了的極地探險家表達善意，他們繞回來丟下一箱食物才又飛走。在攝氏零下五十六度的極地跋涉五十八天後，我們身上的脂肪和肌肉多半都已燃燒殆盡。為了抵達極點，我們把一天二十四小時延長為三十小時，一口氣走十七個小時，反正寒冷和飢餓幾乎讓人難以入眠。我們打開偵察機空投的箱子，裡頭是他們的午餐，有三明治、果汁和醃魚。我們把全部食物拿出來放在睡墊上，分成兩份。我正要把我的那一份拿起來吞下肚時，博格建議我們先別開動，稍等一下。在寂靜中等待。他說，我們應該在心中默數到十再開動。展現兩人共同的自制力。提醒彼此，滿足同時也是一種犧牲。這種時候停下來等待感覺很怪，但在那寂靜的一刻，我感受到了前所未有的富足。

我沒有編織的習慣，看到有人在編織我就會想，他們一定也在其中找到類似我在極地探險途中發現的內在平靜，即使他們的周圍環境不像極地如此寂靜。那就跟我讀書、玩音樂、冥想、做愛、滑雪、做瑜伽，或靜坐不受打擾時一樣。

身為出版人，我發現要賣出幾千、幾萬本有關編織、釀酒、砍柴的書都不成問題。許許多多的人都渴望回歸單純平實，從中找到平靜，體驗不同於市井喧囂的小小寧靜。這些興趣嗜好自有一種細水長流的力量，類似冥想。當你在地下室釀酒或專注於編織時，理想狀況下可以把干擾降到最低，盡情享受手邊的工作。光是知道自己不會受到打擾，甚至終於有正當理由獨自面對工作，本身就是一種奢侈的享受。

這不只是一種新趨勢或新潮流，也反映了人類根本的需求。編織、釀酒、砍柴等等，都有一個共通點，那就是給自己設定一個目標，然後想辦法達成，但不是一下就達成，而是要經過時間的醞釀。利用雙手或身體去創造一樣東西，讓身體帶動心靈。我喜歡滿足感從身體擴散到腦中的感覺，而不是倒過來。最後的成果，比方供人溫暖的木柴、禦寒的毛衣，雖然不能直接變成白紙黑字的輝煌事蹟，但這些勞力換來的果實都是有形的成品，是你可以跟其他人享用好一段時間的心血結晶。

5 聲音不只是聲音

聲音，當然**不只是**聲音。

一九八六年春天我出海遠航，船逼近南太平洋智利海岸的合恩角時，我再次體會到這一點。當時我獨自一人負責午夜到凌晨四點的站崗，一大清早就聽到船的西側傳來長而低沉的呼吸聲。那會是什麼聲音，我毫無概念。我往聲音的方向轉了九十度，看見右舷邊有隻鯨魚，離我僅僅一箭之遙。根據目測，我想那隻鯨魚跟我們的船一樣大約二十公尺長，從牠的長度來判斷，我猜牠應該是隻長鬚鯨。長鬚鯨是種四海為家的哺乳動物，到處捕食螃蟹、磷蝦和魚。藍鯨的體型跟牠們差不多大，但人類幾乎已經把藍鯨獵捕殆盡，我想跟世界最大動物一起在海上遨遊的機會應該很渺茫。

當時風帆都已調好，船幾乎不需要人掌舵，我除了觀察牠，也無事可做。牠的身體狹長，呈流線型，有點像魚雷，背上有灰灰黑黑的背鰭。有個適用於大型鯨魚的經驗法則，那就是牠們身長的每一呎約重一噸，所以我估計這隻鯨魚約有六十噸重。牠隨著船一同滑行。有幾分鐘，我們航行在同一個航道上——我跟我的鯨魚。

有幾次，我聽到牠背上的噴氣孔發出低沉的聲音，肺部緩緩吸氣或吐氣，直到消失在大海裡。此後，眼前的世界不再一樣了。我仍然站在原地，手放船舵，聽著、守候那頂著鰭的黑色背脊，但從此沒再見到我的鯨魚。

三天後船入港，我聽到了吸塵器的聲音。那聲音跟那隻鯨魚的呼吸聲幾乎是同樣頻率。但一個聲音讓我想起再平凡不過的日常家務，一件想要擺脫家中灰塵的瑣碎家事，另一個聲音卻超乎尋常、真實無比，有如一股原始的力量。有時候，我耳邊仍會響起那個低沉、莊嚴的聲音。即使到今天，那聲音對我仍有一種福至心靈的豐沛力量。

6

隔絕世界，反而更清楚地看見世界

寂靜也可能很無聊。每個人都有過在寂靜時感到格格不入、侷促不安，甚至心驚膽戰的經驗。也有時候，寂靜代表了寂寞，或悲傷。這種時候，寂靜予人沉重之感。

不想談某些事時，我們可能會保持沉默。十五歲上下的女生想必是世界上最苦悶的族群，所以當我的女兒們說心情沮喪時寂靜很重要，不難理解那是什麼意思。我自己也會如此。心情鬱悶時，乾脆就把自己封閉起來。每當我看見夫妻在冷戰，我都會盡可能遠離戰場。

小時候我很難入睡，躺在嬰兒床上飽受寂靜的折磨。那感覺就像做噩夢卻又清醒著，爸媽在一旁壓低聲音忙自己的事。那時，寂靜就像一種聲音，在我腦中轟隆價響。那些夜晚，我獨自躺在床上輾轉難眠，連一個足以安慰自己的念頭也召喚不來。

然而，寂靜也可能是我們的朋友。是一種安慰，也是內心富足的源頭。挪威詩人羅夫・雅可布森（Rolf Jacobsen）在詩集《之後的寂靜》（*The Silence That Follows*）中說：

寂靜住在草地上
在每片青草的背面
在石頭的藍色縫隙間

寂靜有如小鳥停駐在你的手心上。我們很容易把自己投射到雅可布森的詩句裡。獨自在海上你會聽到滔滔浪潮，在林中聽到潺潺溪水，在其他地方聽到風吹樹搖，在山上聽到石頭和青苔間的窸窣細響。這些時候，寂靜讓人安心。我在自己內心裡尋找那種寂靜。時時刻刻。也許在戶外，但上班途中、會議之前、對話之中也不無可能，隨時都可以停頓、抽離，抓住寂靜。

隔絕世界並不是對周遭環境不管不顧，反而是更清楚地看見世界，堅持到最後，並且試著愛上自己的生活。

寂靜就是一座寶藏，專屬你個人的寶藏。裡頭藏了一把鑰匙，能開啟嶄新的思考方式。我不認為擁抱寂靜就是背離世界，或純粹只是精神層次的追求，反而認為那是足以豐富生命的實用資源。更直白地說，比起日復一日打開電視收看新聞，用寂靜來體驗生命，才是更深刻的方式。

7

人類的所有問題，都源自人對寂靜的抗拒

混亂是我們腦袋的基本狀態。這跟我年少時的認知剛好相反。

我花了很長時間才瞭解這一點，原因在於我的一天經常處在「自動駕駛」的狀態。睡覺、起床、滑手機、沖澡、吃早餐、出門上班。到了公司，我回信、開會、閱讀、與人交談。我和其他人對於一天該怎麼過的既定認知，左右我一天的生活，直到我再度躺下來睡覺為止。

每當我掉出常軌，靜靜獨坐室內，無事可忙、眼神放空時，混亂就會浮現。人很難**只是**坐在那裡，什麼都不做。任憑各種誘惑浮現腦海。自動駕駛時運作良好的腦袋也不再管用。無所事事並不簡單，周圍安安靜靜，沒什麼事發生，而你獨自一人。這種時候我常

會選擇去做其他事，而不是任由寂靜將我填滿。

漸漸地，我發現我的很多問題，其實都源自這樣的掙扎。

我當然不是第一個這麼想的人。法國哲學家巴斯卡（Blaise Pascal）曾經針對無聊提出他的理論與見解。早在一六〇〇年代，他就如此主張：「人類的所有問題，都源自人無法獨自一人安靜地待在房間裡。」換句話說，獨自一人不說話，不做任何事，只是**存在**，伴隨而來的侷促不安，並非一九五〇年代的電視、九〇年代的網路，或更後來的智慧型手機出現之後才有的現象。這一直是個問題，而巴斯卡或許是史上寫下這種感覺的第一人。

永遠想找事做的衝動，例如看電視影集、玩手機、打電動，其實是人類與生俱來的需求，而不是原因。這種不安，打從出生就跟著我們，是人類的自然狀態。巴斯卡說，當下令人痛苦。而我們的反應就是不斷尋找新鮮的刺激，把注意力轉到自身之外。

從上個世紀以來，讓人分心的事物自然是大量增加，這個趨勢顯然還會持續下去。我們活在**噪音年代**裡。寂靜幾乎絕跡。

蘋果電腦的創辦人賈伯斯不僅深知他推動的新科技所帶來的好處，也很清楚其中隱藏的危險。賈伯斯會限制自己的小孩使用蘋果產品。而我相信賈伯斯不只是目光遠大的行銷天才，更是負責任的父親。

根據一份常被引用的研究，人類的專注力比金魚還差。二〇〇〇年時，人的專注力還有十二秒，金魚則是平均九秒；時至今日，人的專注力只剩下八秒。針對金魚的研究應該很有限，因此對於研究數據不應照單全收。我之所以提起這份研究，主要是為了它提出的結論：隨著每一秒過去，我們愈來愈難專注在一個主題上。

美國作家大衛・佛斯特・華萊士（David Foster Wallace）跟我屬於同一個世代。從他的評論中，可看見巴斯卡的影子：

幸福（爲生命、爲意識這份禮物長保喜悅和感激）的另一面，就是壓得人喘不過氣的無聊。把心思專注於你找得到的最單調乏味的事物上（報稅單或電視轉播的高爾夫球賽），前所未知的無聊就會如陣陣波浪將你吞沒，幾乎要了你的命。

但他的結論是：只要破浪而出，你會像在沙漠中行走多日之後喜獲甘霖。

華萊士的方法是接受無聊，然後設法改變它。也就是說，儘管周圍環境了無生氣，逼人窒息，也要找出讓自己運作良好的方法。換句話說：即使沒有空氣，也要想辦法呼吸。

「無論是與生俱來或後天制約，重點在於找到枯燥、瑣碎、無謂、重複、無意義的複雜的另一面。一言以蔽之：讓自己不會無聊。」華萊士道。

我在**不會無聊**這個詞停下來。

或許應該倒過來想：偶爾覺得有點無聊，或許也沒什麼不好？不用急著把自己接上電源。停下來，想想自己到底在忙什麼。我想這也是華萊士想說的。上小學時，他曾經跟母親提過他的雄心壯志：「我要創作一部偉大的戲劇，但要等到所有觀眾都無聊得離開了戲院、只剩下一個人的時候，這齣戲才開演。」

這種狀況唯一需要的就是耐心，我喜歡。

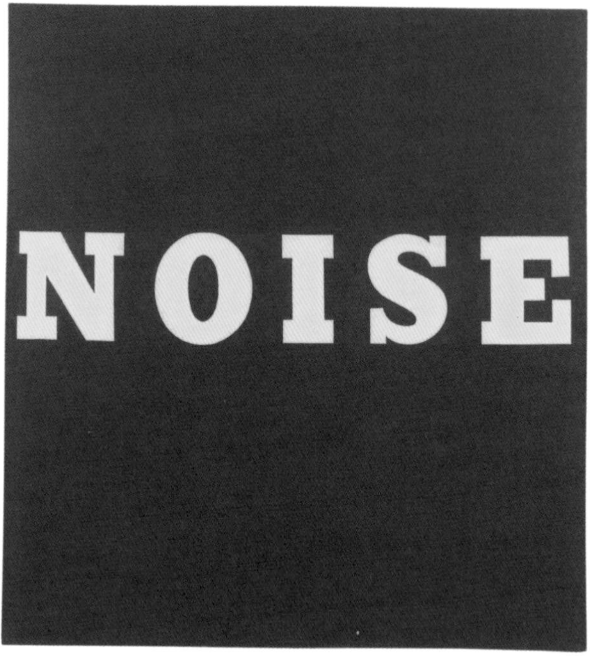

Ed Ruscha, *Noise*, 1963

8

寧可接受電擊也不要獨處十五分鐘的人

現今科學家也想確認巴斯卡的論點是否正確。維吉尼亞大學和哈佛大學共同進行一項研究，讓受試者在房間裡獨處六到十五分鐘，期間不能聽音樂、看書、寫字或滑手機，只能跟自己的思緒獨處。參與者從十八歲到七十七歲都有，來自社會不同階層，但實驗結果卻大同小異。大多數人都覺得不自在。結果顯示，受試者獨處期間很難專心，即使從頭到尾未受干擾。

有三分之一的受試者在家進行測驗。他們承認自己忍不住犯規，自動縮短了獨自枯坐的時間。

想像實驗室的小白鼠獨坐在房間裡偷偷作弊，那畫面委實令人莞爾。

另一組受試者則是可以看書或聽音樂，但不能與他人接觸。這組人表示時間沒那麼難熬，很多人還說看窗外也有幫助。

於是，科學家決定更進一步。他們想知道受試者會不會寧可做讓人不舒服的事，比方接受電擊，也不願意再一次枯坐室內。每個人都事先受過類似的電擊，所以都知道電擊有多痛。確實很痛！儘管如此，最後卻有將近一半的受試者按下按鈕，為自己施以電擊，好縮短枯坐的時間。

根據研究者的觀察，真正驚人的是，跟自己的思緒獨處十五分鐘，「顯然難受到促使許多受試者自願接受之前他們寧願付錢避免的電擊。」其中有個人甚至按了一百九十次電擊按鈕。

我不認為巴斯卡會對這項研究結果感到驚訝。相反地，巴斯卡認為人一直在想辦法逃避自己；這個事實太過殘酷，導致我們甚至寧可思考或感受其他事，也不願面對這個事實。他說的沒錯。

那麼，你想我們是不是瘋了？是的。或許我們正在步向徹底瘋狂的途中，有一天終將無可救藥。

Ed Ruscha, *Talk about Noise*, 1963

9 噪音愈多，就愈需要分心的事物

給自己找麻煩，有時候是有意義的。不只是求人生低空飛過，勉強過關。正因為如此，我才想跟三個女兒解釋為什麼我想寫寂靜。原因在於，賦予寂靜價值比賦予噪音價值更難，而且寂靜非常重要。

寂靜之所以重要，主要不是因為它比噪音要好，雖說噪音常跟騷動、侵犯和暴力等負面事件牽扯不清。噪音以令人分心的聲音和影像的形式出現，如同腦中來來去去、轉瞬即逝的念頭。在這過程中，我們也一點一點失去自我。我想到的，不只是處理這麼多片段思緒有多累人。這當然也是事實，但不僅如此而已。當噪音總是以期待螢幕或鍵盤的形式出現時，就成了一種癮。這是我們需要寂靜的原因。

愈多噪音將我們淹沒，我們就想要更多可以分心的事物。應該要倒過來才對，但往往並非如此。最後的結果就是陷入**多巴胺迴圈**。多巴胺是把信號從一個腦細胞傳往另一個腦細胞的化學物質。總之，多巴胺主導人類的渴望、希冀和欲求。我們不知道自己是不是收到了電子信、簡訊或其他訊息，於是一直查看手機，無法自拔，只為了滿足自己的好奇心。但就算達到自己渴望的目標，多巴胺也不會釋放出成就感，所以你永遠不會滿足。換句話說，用Google找到我一開始要找的東西之後二十分鐘，我還是會繼續掛在網上。

這是很常發生的窘境。然而，我常覺得停下來比陷進去還難。我會查看剛剛才看過的網站，即使早已知道上面的內容，所以過程中，我也多少失去對自己人生的掌控度。

生物學對我這種缺乏常識的舉動有個理所當然的解釋：人天生

就不容易滿足。照理說，大腦中的另一種化學物質**腦內啡**，應該會在我們達成目標時釋放幸福的感覺。可惜多巴胺比腦內啡更強大，所以即使已經達到夢寐以求的目標，你還是會繼續重複同樣的事，也才會陷入**多巴胺迴圈**。比起肯定自己達成了目標，抱著期待奮力追求、不斷繞圈打轉，反而讓人更有成就感。

這也是某種噪音，會引起人的焦慮和負面情緒。大部分的手機應用程式都有個共同點：沒人使用。即使像推特這麼成功的應用程式，終究也碰了壁。創辦者因為自己的商業概念出現裂縫、成長趨緩而大嘆不解。這其實是件好事。應用程式不如預期的成功，問題在於這種服務本身不但讓人上癮，也讓人更孤立。推特和其他社交媒體的基本商業模式，都是打造成使用者對這類應用程式的需求，再用自己的應用程式滿足那種需求，但也只是暫時的滿足。業者靠你的癮頭賺錢。尼爾・艾歐（Nir Eyal）在《鉤癮效應：創造習慣新商機》（*Hooked: How to Build Habit-Forming Products*）一書中指出：「使用者感覺到某種內在欲望被觸發，因而選用你的產品，這種連結會逐漸固著，成為一種習慣。」我分享，故我在。

有些人在社交媒體貼文時會得到正面的回應，但大多數人都盯著螢幕，等人理他。回應的內容愈難預料，就愈容易讓人上癮。你可不想錯過什麼事！但你不會從這種無限延長的重複動作中得到快樂。根據艾歐的看法，你反而會覺得無聊、沮喪、被動和孤立。

對很多人來說就是FOMO（fear of missing out），害怕漏掉什麼，或是害怕錯過特殊的時刻。艾歐形容這是Instagram最高明的切入點。這個應用程式**確實**高明，但艾歐所指的「時刻」，卻不一定要是特殊難忘的時刻。剛好相反。生活裡哪來那麼多特殊的時刻，於是最後大家就退而求其次——記錄了單調重複的平凡時刻。

一九八四年春天，我駕著一艘三十五呎長的帆船航行到西非，再橫渡大西洋到加勒比海，最後折回家鄉挪威。我們一行人一去就是八個月。那時候網路尚不發達，所以出海期間我們沒收過來自挪威的消息，最多只有女友和親友的來信，而且信還是寄到停靠港，等我們到了再去領。回家之後，我重拾出海前的習慣，翻翻報紙，聽聽廣播節目，卻驚訝地發現新聞和政論節目的內容，幾乎跟我們離開前沒有兩樣。政治人物多半跟彼此辯論著同樣的議題，連論點都沒改變。

當你花很多時間掛在網上，跟上話題，很容易以為這一切都有一定的價值，即使你做的事可能根本沒那麼重要。這就是**合理化**自己的行為。《紐約書評》（*New York Review of Books*）把應用程式製造商之間的戰爭稱為「新鴉片戰爭」，並主張「商人把引人上癮變成一種明確的商業策略」。唯一的差別在於，現今他們兜售的不是一種可用菸斗吸食的產品，而是要透過重重包裝的應用程式服用的產品。

某方面來說，寂靜是這一切的相反。是深入反省你正在做的事。是用心體會，而非鑽牛角尖，讓每一刻都可以放到夠大，不透過其他人或其他事去體驗生活。無論你在跑步、下廚、做愛、用功、聊天、工作、創意發想、閱讀、跳舞，都能把世界關在門外，打造屬於自己的寂靜。

10

我們存在人世間，但很少人真正活著

我已經五十好幾，去過不少六十、七十、八十大壽的生日宴。如果你比我年輕，沒去過這麼多大型壽宴，我可以告訴你，這種場合最常聽到的話是：「日子一天一天過去，一眨眼人生就過了大半。」這句話很取巧。在場賓客不免會心一笑，點頭咂嘴。沒錯，誰都怕死，差只差在怕多怕少，但擔心從沒好好活過的恐懼，甚至比對死亡的恐懼還要強烈。愈接近生命的盡頭，這種恐懼就愈大，因為你發現很快就來不及了。

日後聽到這句話是要點頭認同，還是搖頭否定，決定權在你。坐在為壽宴精心布置的桌子前，發現自己虛度了大半人生，從來沒有好好活過，一直以來都在為別人而活，也不是什麼可恥的事。

遺憾的是，本來可以把人生過得更豐富充實，卻白白浪費了大好機會。本來可以探索自己的潛能，卻放任自己分心去做其他事。不斷讓噪音、期待、影像牽著走，從不停下來、靜下心，認真思索自己在做什麼、可以有何不同。我不是說這些事情很簡單，但或許值得一試。

與其手握香檳杯緬懷海海人生，不如來看看斯多噶學派的塞內加（Seneca）在二十一歲生日宴上說的話：「人生很長，如果你知道怎麼善用時間。」

就算有一千年可活，卻照樣盡情揮霍手邊的大把光陰，仍然會覺得人生一眨眼就過了。塞內加在兩千年前就說過，我們**存在**人世間，但很少人真正**活著**。他說：「對遺忘過去、不顧現在、害怕未來的人來說，生命短暫又充滿焦慮。到了生命的盡頭，這些可憐蟲才發現自己一生分身乏術卻一事無成，可惜已經太遲。」

有個說法我聽過不知道多少次，那就是：在我們這片土地上生活的人，大都不會感到物質匱乏，只會覺得時間短缺。聽起來似乎很有道理，其實並不正確。我們**當然有**足夠的時間。人生很長，如果我們時常傾聽自我，還有抬起頭。

11

寂靜，需要自己創造

二〇一〇年十二月的某日深夜，我跟城市探險家史提夫・鄧肯（Steve Duncan）爬上威廉斯堡大橋的頂端。這座橋位於紐約，連接曼哈頓區、皇后區和布魯克林區。我們打算取道紐約神祕的地下水道網絡，從布朗克斯區二四二街和百老匯的交叉口前往哈林區，然後繼續往下到曼哈頓，橫越大半個紐約直抵大西洋。我跟史提夫想用沒人用過的方式看看紐約，從裡到外，由上往下。

天還沒亮我們就爬上橋，極目遠眺皇后區、布魯克林區，視線一路延伸到康尼島，遠遠看見太陽就在大西洋的海平線下。站在橋頂，我們看著城市慢慢亮起來，雖然太陽仍在海平線以下。過了幾分鐘，陽光射向我們站立之處，拂上我們腳下的摩天樓最高層，然後開始不辭辛勞地讓整座城市溫暖起來。

我聽不到一點聲音。底下，車流在四線道上轟轟穿梭，地鐵在市中心進進出出，發出規律的碰撞聲。眼前所見讓我目眩神迷，我自動關掉了所有聲音。你無法等聲音靜下來。不管在紐約或其他地方都是。寂靜，需要自己創造。

在紐約的背面、陽光從未照射到的地方，我跟同伴史提夫發現了一個截然不同的世界。柏油路面下，地下水道的建築結構就是一個反映地面生活的有機體。一條條水道建起、延長、改道、打下地基、搭起建築，舊管線隨著地景的改變跟新管線結合在一起，這一切從來無人理會。整個地下世界不只對紐約居民來說全然陌生，對Google Earth 也是。假如可以把曼哈頓轉一百八十度，真正把它上下顛倒，我們剛剛跋涉而過的這座島，就會變成一片人造荒野。一片完全以功能而非美學為考量建成的荒地。但它自有一種美感，一種負面的美感，因為所有**不在**的事物而形成的一種美感。底下沒有新鮮空氣，色彩也只有深淺不一的灰色和褐色，寂靜徹底絕跡，甚至連眼前是什麼都看不清。然而，美感就存在這一切之中，雖然想要匆匆一瞥也不容易。

紐約是不夜城。「掙一口飯吃」的硬道理，打造了紐約的歷史，所有噪音也都由此而來。火車、地鐵和下水道，充斥著源源不絕的噪音。就算是蘇活區的下水道深處，寂靜也無處可得。縱使隔著遙遠的距離，我們也聽得到頭上的轟隆巨響。輪胎轆轆輾過人孔蓋，接著金屬發出長長的回聲，附近地道有一班地鐵正全速駛向下一個車站。

十二月那五天的地道探險，我們經歷了文明的完整循環。地面上：熱鬧的聖誕節大採購、盛大華麗的裝飾、擠滿飢渴客人的餐廳。當天下午稍晚，我們又潛進地底之後，文明的最後產物化成排

泄物、遺忘的物事、這裡一個用過的保險套、那裡一片垃圾，從我們旁邊慢慢流過去。紐約地下水道很少使用抽水機，移動廢棄物的是重力。所有東西都以同樣的速度流動，在我們腳邊發出涓涓細流的聲音。

早上六點，在格林街底，我跟史提夫坐在樓梯上休息，因為之前試圖越過運河街底下的下水道，說我們滿身大便也不誇張。我們對面是停車場，我看見有棵樹孑然而立，貼著一棟破舊老屋的正面奮力往上長。美國作家E．B．懷特（E. B. White）的經典之作《這就是紐約》（*Here is New York*）描寫了紐約的生活：「堅忍不拔，逆境生長，水泥地也能冒出生命汁液，固定索取陽光。」他指的是城市的居民，但也有可能寫的是這個城市的樹木。那棵樹為什麼就剛好長在那裡？它的葉子、芽苞、花朵、樹皮、枝幹，還有身上的苔蘚和小蟲，這麼多年是怎麼存活下來的？世界上最大的謎，就是有機的美如何從地面悄悄萌芽？而且就長在那裡，一片沒被柏油覆蓋的方寸之地，這對我來說更加神祕，因為它默默然象徵著我們所做的事。我隱隱有股衝動，想跑過去抱住那棵樹。

年少時，我讀過一篇故事，說的是一群住在布朗克斯區和哈林區的女人。她們在更南邊的貴婦百貨工作，為了溜進百貨裡的圖書部門，她們會提早到公司，靜靜坐下來讀自己買不起的書，在開始輪班之前沉浸在書海裡。我喜歡這個故事，想像著那些女人窩在沙發上，在開店前埋首於自己手上的那本書。也許真有這回事。若是如此，那些女人在那段短短的時間裡，安安靜靜坐著讀書，想必是快樂的。

站在威廉斯堡橋頂，看著太陽從大西洋升起，照亮整座城市，我感到一股喜悅從體內深處湧出。如果我是總統，我會在就職演說裡鼓勵每個人在日出時心懷感激，感謝陽光為我們做的每一件事。

但隨著陽光升起，警察發現我們的機率也愈來愈高。你絕不可能拿到攀登這種地方的許可證，所以我們除了盡快下去別無選擇。史提夫對這種事比我更有經驗，他提醒我，要是我們發現橋上的車流停下來，周圍突然寂靜無聲，那麼我們的冒險之旅就真的走到了終點。那表示警察已經封鎖這座橋，現在要來逮人啦。

12

活動過多也可能導致經驗匱乏

不管是誰，偶爾都會覺得無聊。這點毋庸置疑。

有人認為無聊就是缺乏目標。挪威哲學家拉斯．史文德森（Lars Fr. H. Svendsen）認為，無聊總是給人被困住的感覺。年少時，我總在期待新的事情發生，有時甚至無聊到痛苦不堪。我媽跟我說，無聊有益健康，直到現在我才懂得她的意思。現在，我會觀察自己孩子的類似反應：無聊透頂、困在自己的身體裡、難受到幾乎想死。我跟我媽一樣，認為有這種感覺反而是好事。

我再也不像以前那樣覺得無聊。大人要找事做比較容易。覺得無聊，大可找地鐵上坐你旁邊的人聊天。我試過，真的有效，但不是每天早上都想這麼做。

如果我忘了帶書，又坐在封閉幽暗的飛機末排靠窗的位置，剛好也沒有值得看的電影，或是正在等一個遲遲不來開會的人，小時候的那種感覺又會出現。這種感覺就叫**經驗匱乏**。

這種匱乏不一定是指沒有事情發生，缺乏新鮮的體驗。**活動過多**也可能導致**經驗匱乏**。最後這個觀點很有趣。事情多到滿出來。根據史文德森的看法，問題出在我們不斷尋找「愈來愈強烈的經驗」，而不是停下來深呼吸，把世界關在門外，利用這個時間體驗自己。以為持續追求新東西、隨時讓人找得到你、傳簡訊、滑手機、看你還沒看過的東西，就能避免無聊，這種想法未免太過天真。

愈逃避無聊，就愈覺得無聊。

例行公事也是一樣。我看見自己的小孩在同樣的問題之中掙扎。把忙東忙西本身變成一個目標，而不是讓這股焦慮帶著你前往其他地方。

然而，因為缺乏目標而覺得無聊，跟因為有目標而感到快樂，兩者之間不是一向壁壘分明，有時也會流動不定。某些時候像在浪費時間的事，比方玩遊戲或看紀錄片，隔天卻可能變成美好愉悅、充滿樂趣的一件事。無論如何，思考什麼會帶給自己目標和喜悅，那都是值得的。下次我們應該設定一個小小的目標，提醒自己別忘記這件事。

13

寂靜是新的奢侈品

如同過去，奢侈代表地位，也關乎快樂，而且是現代人很少能享受到的快樂。法國大革命期間被送上斷頭台的路易十六，要是能要回自己的頭，看到你手上的智慧型手機，也會嫉妒得兩眼發直，直到發現手機幾乎人手一支為止。

奢侈的東西就是非必要的東西，而且非常稀少，至少要有足夠的人相信它很稀少。

當精品店愈來愈多，奢侈品變得人人可得、滿街都是之後，就會顯得平凡無奇。如果人人都有一個 LV 包包，它就沒那麼獨特希罕了。你可以去買新包包，但無論你買的包包有多名貴，一定會被其他買了更名貴包包的人給比下去。

有些世界超級富豪過著簡單樸素的物質生活，也有一些選擇享盡奢華。根據我的經驗，享盡奢華的富人瞭解一件其他人不瞭解的事，那就是：奢華享受只能得到短暫的快樂。

我相信寂靜是新的奢侈品。寂靜比其他奢侈品更珍貴獨特，也更歷久不衰。暑假期間，我有個女兒針對此事發表了她的獨到見解，讓我十分驚喜。她說，永遠在尋找最新奢侈品的人，永遠得不到一樣必需品，那就是寂靜。

難就難在，這麼簡單直接的東西不一定能納入奢侈品的範疇。此外，寂靜也是一種被低估的奢侈品。**追求**奢侈品，主要就是藉由持續累積一樣東西來獲得那樣東西，永遠不嫌多。刺激消費者腦中的多巴胺，就表示他們會一直渴望更多。然而，寂靜的重點卻在**移除**，在於減法。

除此之外，寂靜這種體驗可以不花一毛錢，也不需要跟著季節變換新品。

如今，要人投資寂靜很難，除了標榜隔絕噪音的酷炫耳機，或是為荒涼美景或休閒飯店拍攝的廣告。商人多半還是向錢看，他們想要的只有更多，不會更少。

另一種奢侈是讓人**找不到你**。不把日常擾攘放在眼裡是一種特權。讓其他人在你不在時，做好該做的事。不回簡訊，不接電話。同事、工作和家人的期待，如果不那麼重要就轉手他人，或乾脆忽略。好不容易爬到這個位置，就算有人想找你找不到，你也無所謂。

噪音也跟階級差異有關。**背景音**（secondary sounds）就是他人製造、卻對自己造成干擾的噪音，這種噪音造成了社會階級的巨大落差。下層階級的人在工作場所被迫忍受的噪音，往往比上層階級的人更多；住家的隔音效果也比較差。相反地，有錢人住在噪音較少、空氣較好的地方，開的車子聲音較小，家裡的洗衣機和烘衣機也是。他們有更多空間時間，吃的食物也更乾淨健康。寂靜成了某一種分野，讓少部分人比大多數人有機會享有更長壽、更健康、更富足的生活。

很少人可以完全躲避噪音。我們都學會了與噪音共存，也認為別無選擇，但噪音始終都是降低生活品質的一種干擾。不只對人，對動物也是。我喜歡醒來就聽到鳥鳴聲，甚至有科學家研究鳥類對都會區日漸嚴重的噪音有何反應，結果發現鳥鳴聲出現了改變。較低的音調消失了，取而代之的是可以跟人類噪音較勁的高音調。鳥鳴聲因人而改變，導致公鳥愈來愈難吸引到母鳥，因此下的蛋也愈來愈少。這個改變的速度很快，研究人員仍不確定這算不算是一種「演進」。背後的原因讓人心碎：「音景」對棲息在都會區的鳥類造成的干擾，比對人類更大。人類跟鳥雖然不同，但我在兩者身上都發現同樣的躁動不安。寂靜對所有生物來說，都是一樣奢侈品。

14

它就在你的內心深處

有一年夏天，我從奧斯陸坐十八小時的飛機飛往斯里蘭卡，為的是在青山綠水之中放鬆身心、吃得健康和練習瑜伽。那次經驗美妙無比，可是為了切斷干擾飛越大半個地球，感覺還是有點奇怪。

有些人打造寂靜的方法，就是建造隔音的住家或房間。丹麥的日德蘭半島有隔音效果絕佳的靜音堂，雙層門之間相隔三十公分。數十人定期在那裡聚會，在各自的坐墊上盤腿打坐五十分鐘，只有偶爾響起的咳嗽聲和其他難以壓抑的聲音才會打破寂靜。這群人藉此一次又一次地提醒自己，生命就是人與人之間深刻的愛，也在此練習對人同情共感。

靜修營是一種日漸蓬勃的產業，世界各地都出現了這樣的營隊。位在洛杉磯日落大道盡頭的湖宮寺，就提供「獨處靜修」的空間。入寺靜修前，我參加了四天的環市徒步之旅，從東邊的黑幫大本營往西走向海邊。洛杉磯人都開車，但我們想從人行道上看看這座城市。走在路上時，我們會被警察攔下來，因為沒開車而引來懷疑。警察說，這個城市只有搶匪、毒蟲和精神不正常的人才會走路。在灰塵漫天的人行道上走了好幾天，回到花香撲鼻、鯉魚戲水、安適恬靜的寺院裡，要找到寂靜並不難。後來，我們還到太平洋裡游泳（很近，五分鐘就能抵達），那裡也一樣寧靜。在挪威的荒野或喜馬拉雅山上健行時，我也碰過可讓訪客體驗寂靜的設施。若你鼓起勇氣走得更遠，就會發現更寧靜的所在。

尋求寂靜的空間美則美矣，但特地開車前往一個可以放鬆身心、做瑜伽、散步的地方，或大老遠搭飛機到靜修營閉關，卻不免有點大費周章。生命中最美好的事物，有時候一毛錢也不用花。我心中所想的寂靜無所不在，只要專心留意，它就在你的內心深處，不需花錢就能獲得。不需要跑到斯里蘭卡，在你家浴缸就能體驗。

我在不同地方發現了寂靜，比方在床上多賴五分鐘（我的小孩都大了，不用再叫她們起床），或是早上上班途中。我可以選擇開十二分鐘的車去上班，或搭十五分鐘的地鐵，或走半小時的路。開車雖然可以阻絕干擾，但必須時時留心路況，而且我也會打開廣播。地鐵人擠人，到站時每個人都爭先恐後擠著下車。所以如果時間允許，我會選擇走路。因為如此，從車窗或地鐵隧道看不到的世界，成了我日常生活的一部分。在路上，我可以觀察一張張陌生的臉孔、隨著天氣變化的衣服裝扮、咖啡館和商店的櫥窗、柏油路面的變化，還有工人辛苦鋪成的石子路。

走路去上班不是什麼了不起的經驗，卻自有某種價值。走路往返我最常待的兩個地方花不到半小時，但這段時間我卻可以把世界關在門外。

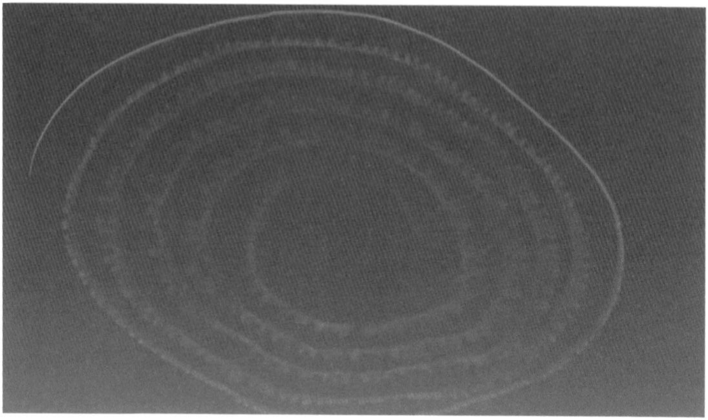

Doug Aitken, *Modern Soul*, 2016

15

寂靜可以無所不在、無時不在

寂靜就是藉由停頓，重新發現帶給我們喜悅的事物。

現在，我的孩子總是掛在線上，東忙西忙，很少停下來。海德格寫道：「人人都是他人，沒有人是自己。」我的三個女兒常坐在螢幕前，不管是獨自一人，還是跟其他人一起。我也是一樣。跟手機綁在一起，成為手上平板的奴隸，有時是消費者，有時是生產者。不斷受到干擾，干擾又帶來更多的干擾，在一個跟我關係不大的世界裡東翻西找，努力發揮效能，直到發現自己不管多有效能，終究是徒勞。那感覺就像在霧氣瀰漫的山上摸索前進，手中沒有指南針，最後發現自己一直在原地打轉。於是，忙碌和效能本身成了目標，再無其他。

我們很容易以為科技的本質就是科技本身，實則不然。科技的本質是你跟我，關乎的是我們使用的科技如何改變我們、我們希望學會哪些事、我們跟自然和心愛之人的關係、我們花費的時間、消耗的精力，還有我們為科技犧牲了多少自由。很多人說科技縮短了人與人的距離，確實不假，但這已經是老生常談。重點是海德格所說的：「親近卻仍然遙不可及。」這位飽受批評的哲學家認為，要拉進人與人的距離，我們必須求助於真理（truth），而不是科技。試過網路交友之後，我個人比較同意海德格的看法。

（海德格當然不可能預知今日科技帶來的種種可能。他心裡想的是當時流行的五十匹馬力汽車、投影機和打卡機，但他對未來可能的改變已經略知一二。）

海德格指出，急於使用新科技的渴望，將使我們放棄某個程度的自由，把我們從自由人變成一種資源。放在現今來看，這個概念甚至比他當初提出時更切中時代。不幸的是，未來我們不會變成彼此的資源，不會有如此動人的畫面，而是成為公司行號的資源，例如蘋果、臉書、Instagram、Google、Snapchat 和政府機關。這些機構都想掌握我們的行蹤，讓我們自動送上門，藉此利用或販賣他們從我們身上收集到的資訊。其中多少帶有一絲剝削的意味。

蛋頭先生在夢中仙境裡問愛麗絲的問題仍然是：「誰是老大？——這就是問題所在。」是你？還是你根本不認識的人？人是社會性的動物。讓人找得到你不一定是壞事，畢竟我們無法只靠自己運作。但是能夠關掉手機，坐下來，不說話，閉上眼睛，深呼吸，想一想跟平常不一樣的事，也同樣重要。

另一個選擇是什麼都不想。你要稱之為冥想、瑜伽、正念，或單純只是一般常識都行。那種感覺可以很美好。我從冥想和瑜伽中獲得許多樂趣，也把跟它們不無關係的催眠放進練習中，催眠自己二十分鐘，以斷絕所有干擾。那很有效。每天下午我都會躺下來，在床上幾公分高的地方神遊。

不知不覺中我想著，要怎樣不靠科技就能體驗寂靜？找到寂靜和平衡的門檻其實可以降低。也許不需要去上打坐或放鬆身心的課程，就能讓自己停頓下來。寂靜可以無所不在、無時不在——就在你眼前。爬樓梯、做菜或專注於呼吸時，我會為自己創造寂靜。我們的確都是同一塊大陸的一分子，但自成一座島嶼所潛藏的財富，你隨時都可以帶著走。

16 語言的盡頭

人應該怎麼活？好個大哉問！過去，偉大或平庸的哲學家都嘗試過尋找答案，留給後人各式各樣的理論和大量的參考文獻。現今的哲學家多半轉而探討政治、語言和分析哲學，很少哲學家專注於研究寂靜，以及寂靜對你我可能造成的影響。不少哲學家跟我說過，寂靜什麼都不是，無趣至極；這跟我女兒在餐桌上發表的看法如出一轍。真遺憾。但話說回來，會烤蛋糕的哲學家也不多，跟真實生活中的大小考驗嚴重脫節的哲學家所在多有。

研究哲學的第一年，你會學到，無即是無，有即是有，無中不生有（Ex nihilo, nihil fit）。這個命題雖然古老，卻很實在。古希臘哲學家巴門尼德（Parmenides）主張，我們不可能談論不存在的事物，話一出口就自打嘴巴，讓許多人看笑話。但我認為，這裡的結論是基於一個小小的誤解而來。

畢竟寂靜不等於無。所以應該說，有生於有。

數千年來，獨居陋室、離群索居者，例如山中僧侶、隱士、水手、牧羊人或踏上歸途的探險家，都相信生命的奧妙可以在寂靜中尋得。重點就在這裡。縱使橫越大海，遠渡重洋，或許直到踏上歸途，你才發現你真正尋找的東西，其實就在自己心中。

長久以來，一直有人發此慨嘆，所以我們或許應該認真思索其中的意義。耶穌和佛陀都為了理解自己該怎麼活，不顧一切深入寂靜之中。耶穌投向荒野，佛陀浪跡山水。耶穌在寂靜中接受上帝的試驗。佛陀從河水中學到靜心傾聽，敞開心門、耐心等候。

有些宗教中，神化為雷電或暴雨現身。在聖經裡，上帝往往就是寂靜。我們在《列王記》中看到上帝如何對以利亞現身：先是烈風大作，再來崩山碎石，之後是大火，但上帝不在這三者之中。直到後來，上帝才在微小的聲音中現身，有些譯本譯作「脆弱的寂靜」。我喜歡。上帝在寂靜之中。

印度哲學裡有個常被引述的故事，放在佛教修行中亦無不可。有個弟子請師父為他解釋「梵」（世界萬物之靈）。聽到這個問題時，師父靜默不語。弟子又問了兩、三次仍未得到隻字片語。最後師父終於開口：「我在教你，你卻不聽。」

答案，自然就是寂靜。

禪修的一個目標，就是挑戰眼前所見的有形世界。其中最有名的練習是**靜觀**，即靜坐時想像單手鼓掌的聲音。重點在於想像一隻手在鼓掌（單手當然不可能鼓掌），從而思索超越邏輯和理智代表的意義。另一個居家靜觀練習或許也很值得一試：探索言語不存在的寂靜。或者：試想某樣不存在的事物。

古代哲學家亞里斯多德和柏拉圖都說，永恆和真理的知識是

「無語的」。柏拉圖稱之為 arrhèton（無法言說），亞里斯多德說是 aneu logou（沒有語言或言語無法表達）。兩位哲學家都認為，語言的盡頭就是理解偉大真理的入口。

不只是偉大的真理，微小的真理也是。譬如，當你開車開錯方向，被迫停下來查看導航系統，把音樂調小聲，請車裡的其他人靜一靜，好讓你腦袋清楚一些。這樣能幫助你把心思專注於當下對你有意義的事：找出正確的方向。

17

把目光往上轉向星空時

星空「一旦與你相識，就是你一生最忠實的朋友。它永遠都在，永遠為你帶來平靜；永遠提醒你，你的不安、疑慮和痛苦都是旁枝末節、過眼雲煙。宇宙仍舊難以撼動，未來也是。當一切都說過也做過之後，我們的看法、掙扎、磨難就不再那麼重要、那麼獨一無二」。這是極地探險家弗里喬夫．南森（Fridtjof Nansen）關於人面對漆黑夜晚或有的體悟所提出的看法。常露宿野外的人看到這句話，多半心有戚戚焉。

（但也不一定要在野外才會有這番體悟。**頭上的星空和內心的道德法則**，是哲學家康德一生仰望的兩大支柱。眼睛無法注視自己，但你可以透過星辰觀察它們：你在星空中所見，取決於你是什麼樣的人。）

身為挪威人，我很幸運能看到不受人造燈光干擾的澄淨星空。若有街燈擋在我跟星空之間，星星就不再清楚可見。我不小心就會忘掉，世界上大多數地方很難享受到這種視覺上的寂靜。仰望星空成了一種奢侈的享受。這也是一件憾事。能夠仰望星斗滿天的夜空，在我看來是人生最值回票價的一件事。看著星空，提醒自己：我們頭上和周遭環境以外的**廣闊世界**，以及我們身在其中的位置。

神經學家奧立佛・薩克斯（Oliver Sacks）過世之前對星空特別著迷。他寫下自己是如何用對知識的追求（理解人腦如何產生意識和各種野心的「難題」），換得在月下獨坐仰望星空的享受。「我看見整片天空『撒滿星粉』（詩人彌爾頓〔John Milton〕的說法）；我以為這樣的星空，只能在類似智利阿塔卡馬的高原沙漠上看到（世界最先進的望遠鏡就設在此地）。這片燦爛星空讓我突然瞭解，自己所剩的時間和生命已經不多。我從這片星空感受到的美和永恆，對我來說，跟人生一瞬之感——還有死亡——難以切割。」寫下這段文字時，薩克斯已經非常虛弱，無法走路，只能坐在輪椅上，讓朋友推著他走到星空下。生命將盡之際，他開始在自己周圍擺滿金屬和礦石，作為「永恆的小小象徵物」。這是他從小就有的習慣。

瞭解自己的同時，你也瞭解了他人。閱讀薩克斯的著作時，我總覺得他跟南森一樣，當他把目光往上轉向星空時，也轉向內在的寂靜，因而發現了遺忘已久的自我。對我來說，內在的世界跟周圍的外在世界一樣神祕奧妙。一個往外延伸，一個向內延展。

我最大的興趣在於內在的世界。原因無他，詩人艾蜜莉．狄謹蓀（Emily Dickinson）已經說得清清楚楚：「腦中世界——比天空更遼闊。」

18

把世界關在外面

寂靜的體驗本身就是目的，我喜歡這個概念。其價值無法像其他事物那樣測量、計算。然而，寂靜**也可以**是一種工具。

我去問了特斯拉電動車的執行長（也是連續創業家）伊隆．馬斯克（Elon Musk）對寂靜的看法。他的第一反應是哈哈大笑，但思索片刻之後，他說他**會**在內在寂靜中駐足，也常把世界關在門外，以便開展自己的思緒。這是他從小到大的習慣。成長期間，他在校內和校外都常挨揍；因為朋友很少，便有許多時間自我探索。

談到他尚未成真的構想，他顯然不會聽顧問或其他專家的意見，而是選擇轉向自己內心的寂靜空間。對他來說，革新汽車、能源和航太工業都不夠，還要徹底翻轉原來的規則。這是一場持續不斷的變革，除非他無法再把自己關進內在世界裡，開始隨波逐流，才有停止的一天。

馬斯克特別擅長利用所謂的「**第一原理**」：避免依賴既有的規則。換句話說，他發掘事物底層的基本原理，再以此為基礎加以推論。一般人會傾聽他人對可行辦法的意見，再往上發展。馬斯克反而跟世界拉開距離，跟一般人選擇的途徑背道而馳。

美國太空總署（NASA）一直以來都相信太空梭只能使用一次。這個眾所公認的事實從 NASA 成立初期就屹立不搖，直到馬斯克提出質疑為止。他告訴太空總署的科學家，沒有道理不去建造一種可以多次發射到外太空、最後抵達火星的太空梭。這麼一來，成本得以降低，安全性也會提高。

生活忙得不可開交時，我常覺得很難把世界關在門外。馬克·約可薩（Mark Juncosa）是馬斯克太空計畫背後的主腦之一。我問他有沒有空檔能停下來，構想革新火箭產業的新概念。他回答：

「平常一天最多要開八小時的會，上網回幾個小時的信，所有東西都攪和在一起。唯一能把世界關在外面的時間，只剩下我運動、上網、淋浴或蹲馬桶的時刻。新構想就在這些時候浮現。」

我在自己身上發現了這個「第一原理」。二十年前，我成立了一家出版社。當時我住在劍橋，我女朋友懷了身孕，住在奧斯陸。於是我想，也差不多該搬回家，找份工作，要是買得起一棟好房子，全家住在一起，那就更好了。

回挪威之後，有天洗碗時我靈機一動，決定開一家出版社。當時整個圖書產業都服膺於一個既定的事實，從來沒人想過要加以質疑。那就是：高品質書籍經由書商和讀書俱樂部以高價販售，雜貨店市場則由浪漫小說獨占。句點。我不知道為什麼非這樣不可。不少人給我了許多寶貴的建議，我非常感激。但在廚房裡安安靜靜、不受打擾地洗碗時，我徹底想過一遍，然後做了決定。

另一個大家堅信不疑的既定事實是，如果你想創業，就**一定**要冒很大的風險。這也是一個謬誤。大家老是跟我說，成名作家不會想把作品交給新的出版社出版。他們認為，老牌出版社耕耘書市已經長達一百年，書市文化早已在那裡根深柢固，我們則是白紙一張，只能從頭開始。然而，我認為更重要的是，我的出版社同仁是否具備那樣的文化素養。

我還沒有笨到拿自己跟馬斯克相比。不過，回顧自己的出版生涯，我想我唯一做過的一件異於常人的事（雖然跟馬斯克的格局完全無法相比），就是站在廚房洗碗槽前靜靜思考，對既定的規則提出質疑。

19

無法言說的，可以呈現

維根斯坦的《邏輯哲學論》（*Tractatus Logico-Philosophicus*）中最後一句話說得巧妙：「無法言說的，我們就必須交給沉默。」一開始出版商拒絕出版這本書，也許是因為維根斯坦宣稱手稿分成兩個部分，一部分是寫下來的，一部分尚未寫下，而後面那部分才是最重要的。也或許出版社認為，說出其他人認為難以言說的事，正是一位哲學家應該要做的事。

維根斯坦之所以下此結論，起因於二十世紀初他在維也納荒淫墮落的布爾喬亞沙龍不經意聽到的無聊閒談。他相信自己同胞之間的空洞言論，威脅到了生命的意義。我不得不同意他的看法。虛度時間太容易了！

《邏輯哲學論》有一部分在肖倫（Skjolden）這個地方構思而成。這個小村落位在挪威松恩峽灣最深處的一條支流魯斯卓峽灣的盡頭。自然、寂靜、與世隔絕，塑造了維根斯坦這個人和他的哲學思想：「我無法想像自己可以在此地以外的地方工作。這裡的寂靜，或許還有這裡的壯麗山水；我指的是那股靜謐的重力。」

第一次讀到維根斯坦關於沉默的結語，我以為他的意思是，我們應該被動地跟我們無法用言語形容的事物產生連結。感覺有點笨。很難想像置身於瀑布、峭壁、峽灣、山谷之間，維根斯坦會得出這樣的結論。新的地平線當然會從無法言說的事物後面升起。樂趣正是從**那裡**開始的。但我誤解了維根斯坦的意思。（也難怪，畢竟我買了《邏輯哲學論》之後，就直接翻到最後一頁看最後一句。）

後來，我才回頭讀完整本書。維根斯坦在書中強調，無法言說的，我們可以**呈現**。「**可以**呈現的，就**不可**被言說。」語言創造界線：「我傾向去衝撞語言的界線，我相信所有嘗試寫作或談論倫理學或宗教的人都有這種傾向。去衝撞自身牢籠的四面牆壁是徹底的徒勞。」維根斯坦所說的倫理學，指的是生命的意義。即使是科學，也無法找到談論這類事物的語言。「只要倫理學源自尋找生命之終極意義、至善、絕對價值的欲望，它就不可能是科學。」它必須經由呈現、思考和感受而存在。

20 忙於「分享」的徒勞

分享喜悅的感覺很美好。

忙碌不堪時，有時我會渴望可以分享的對象，但這同時可能也是一種干擾。十八、九歲時，我聽過戰爭英雄克勞斯·海爾堡（Claus Helberg）的一個故事，戰後他成了受人敬愛的挪威山區嚮導。維根斯坦認為，只要不試圖「說出不可言說的，**一切都不會喪失**」。海爾堡的故事，似乎不經意卻又準確地反映了這樣的看法。

某日一大早，海爾堡帶著一群登山客從挪威知名的山中小屋走出來。此時，冬天鬆開了魔掌，夏季陽光重新照耀大地，新色彩從各個角落迸現。當下情景如夢似幻，但海爾堡沒有馬上開口讚嘆，反而遞給每個成員一張寫著「**是啊，美極了！**」的紙條，以此展開當天的登山行程。

維根斯坦不要人談論無法言說的事，自己卻只做到一半。他沒有對保持沉默一事保持沉默，反而常常談論它。海爾堡比維根斯坦更加徹底。他直接選擇了沉默。

我常想到這個故事。長年住在山區，對德國占領軍又有透徹的理解，海爾堡很清楚語言為我們的經驗設下何種界線。他希望能避免登山隊成員整天讚嘆周圍的驚人美景，而非真正專注於「驚人美景」本身的窘境。

話語也可能破壞氣氛，引起不滿。跟人分享難忘的經驗固然美好，但談論它卻可能讓我們離實際發生的事愈來愈遠。有時候我會發現，簡單的快樂最難用言語表達，例如觀察石頭上的青苔。海爾堡希望每個人都能看見、思索、讚嘆周圍的山脈、天空和苔蘚，還有為又一個春天怯怯綻放的植物。

21

把長了青苔的石頭帶下山

有沒有可能既存在又不在這個世界呢？我想是可能的。

對我來說，凝望地平線、陶醉在周圍美景裡、渾然忘我地觀察石頭上的青苔，甚至只是抱著懷裡的寶寶，這些短暫時刻就是人生最美好的光景。

時間突然停止，我既在自己體內，卻又神遊物外。那一瞬間，片刻如永恆。

瞬間和永恆彷彿合而為一。我當然知道兩者剛好相反，各自在天平的兩端。但有時我跟詩人布萊克（William Blake）一樣，難以區別永恆和那短短一瞬：

一沙一世界，
一花一天堂，
手中握無限，
瞬間即永恆。

我為了這樣的經驗而活。覺得自己像個採珠人，在撬開蚌殼的瞬間，發現了世上最完美的珍珠。

永恆，即找到珍珠的瞬間或體驗，「絕對不存在於時間當中。」哲學家齊克果（Søren Kierkegaard）寫道。時間大體上是一個「永無止境的進程」，一刻接著下一刻。但突然間，我們對時間的經驗改變了，連續過程不再永無止境，一刻不再接著下一刻。時間暫停，根據齊克果的闡述，在這個「中斷的進程」中，「現在」不再跟「過去」和「未來」對立。在一剎那間，你體驗到了完整的時間。

閱讀、感受和思考時得到的快樂，在於它們反映了我在床上、大自然中或閱讀時得到的體驗，這些體驗在我年少時顯得更加獨特不凡。但這些其實並不是多麼不尋常的體驗。世界暫時被關在門外，由內在的平靜和寂靜接手。我相信所有人都有類似的體驗，只是程度、方式各異，我認為這是值得培養的一種體驗。我偶爾會把長了青苔的石頭帶下山，放在廚房桌上或客廳裡，提醒自己這樣的體驗。我把那些自有獨特美感的石頭當成禮物送人，也不忘隨時在辦公室裡擺一顆這樣的石頭。

Ed Ruscha, *Light Streak*, 2003

22

外在的事物，早已有人訴說過

「寫詩在於傾聽，」喬恩．弗斯說：「不在於造詞構句，可以說是喚醒已經存在的東西；這是為什麼讀到偉大的詩句時，人常有『這種感覺我知道，只是沒有表達出來』的感受。」弗斯深受西挪威周邊的景致影響。豎起耳朵聆聽，你就會聽到某事物在對你訴說，那就是你寫下的詩句。「語言傾聽自己。」根據我對喬恩．弗斯的理解，只要不是來自內在的聲音，某方面說來就是次要的訊息。外在的事物早已有人訴說過。真正重要而獨特的，潛伏於你的內在。

但條件是，你必須「把自己拉回內在的平靜裡」。喬恩．弗斯在西挪威、奧斯陸或維也納郊外的小村子裡也會這麼做。情緒有更多空間可以釋放時，生命會變得更活潑奔放。我感受，然後我思索，於是我存在。因為除了習慣（習慣當然會在我們身上加諸各種限制），我們也受到感覺的指引和驅使。有時候人很容易忘記這點，所以回顧一下南森、海爾堡和弗斯的看法會很有幫助。

23

每個人都有屬於自己的寂靜

內在的寂靜至今仍舊是個謎。我不認為你應該抱著別種期待。

縱使其他科學之謎都已解開，我相信這個謎也會繼續存在。科學靠文字和數字加以證明，是經年累月的觀察，也是可經證明的事物。寂靜在太陽底下日新又新，永不會老。科學解釋既已存在的物質，或者應該說，可為我們確認和觀察的事物。然而，寂靜卻要遠離這個確認的過程，方才展開。

如弗斯所言：「人很可能會認定世界只存在既已存在的事物，也就是物質。那樣的話，詩、哲學或巴哈的音樂都不存在。」不只是詩、哲學和巴哈不存在。弗斯想說的還有你跟我。

記住一點：你體驗到的寂靜跟其他人並不相同。每個人都有屬於自己的寂靜。

24 沒吹出來的音符

音樂中常有靜止的時刻。聽貝多芬的作品有如一場冒險。答、答、答、答……但音符之間的**停頓**，樂器靜止的時刻，才是我的最愛。我會在這時候驚醒過來。

科學已經證明，我們感受到的強烈、正面的神經活動，就是由類似的停頓所引發。我的經驗也是如此。不只音符，貝多芬曲子裡突然的停頓，也會刺激腦袋，在你的腦中擦出火花。他知道當人靜下來時，心神和思緒都會往外延伸。小號手及寂寞詩人邁爾士．戴維斯（Miles Davis）也深諳此道。在這個奔放激越的音樂類型中，戴維斯卻是因為表演時的戲劇性停頓而為人稱道。他沒吹出來的音符，跟他吹出來的音符一樣富有意義。演奏會結束，音樂停止，聽眾鼓掌之前，場內會有一瞬間的寧靜。感覺就像腦袋在換檔變速。

大家都知道貝多芬晚年全聾。這樣的結果，也讓他內在深處的創造力和自由的靈魂得以釋放。創作《第九號交響曲》時，他只能運用腦中存在的聲音來作曲。首演當天，他背對觀眾，站在台上指揮管弦樂團。演奏結束後，他必須轉過頭來，才能確定觀眾在鼓掌還是喝倒采。結果，台下觀眾不只鼓掌叫好，甚至因為反應太過激動熱烈，不得不出動維也納警方前來維持秩序。

貝多芬晚年的作品已經超越時代，非演奏會觀眾所能領略。他寫的弦樂四重奏太過前衛，同時代的人甚至認為那是一個瘋狂老人寫出的作品。然而一百年之後，世人卻將貝多芬的四重奏奉為經典之作。

作曲家約翰・凱吉（John Cage）〈論無〉（A Lecture on Nothing）的這場演講啟發了我。他在演講中引述了作曲家德布西（Claude Debussy）的作曲方法：「我檢視所有樂音，去掉我不想要的音，然後把其他的音都用上去。」後來凱吉在作品〈四分三十三秒〉中拿掉所有音符，創造了他的四分三十三秒的寂靜。觀眾直到今天仍對這曲寂靜之作讚賞不已——應該是減去觀眾努力保持安靜時發出的噪音後所剩的寂靜。

凱吉對於寂靜有許多深刻的見解，很值得到 YouTube 上聽聽他的說法。但我喜歡把寂靜想成某種實用的方法，能幫助我們解開「自我」這個有趣的謎題，獲得嶄新的觀點，去觀察隱藏在地平線以外的世界。

你也可以用上下顎聆聽。發明家愛迪生（跟貝多芬一樣失聰）發明留聲機（電唱機的前身）之後，必須靠在機器上，緊緊咬住留聲機邊緣的木頭，才能從上下顎感覺到聲音的振動。「我又緊又牢地咬住木頭，接著就清清楚楚聽到聲音。」他說。這是他能感覺到自己的發明的唯一途徑，也是他得以享受音樂的唯一方式。

25

期待、對比、反差

當代的作曲家和音樂家因為太喜歡在樂曲裡堆砌音效，從不大膽嘗試把聲音放空、放輕，因而受到一些批評。但我認為這些批評有所誤解。

很多經典名曲重灌成MP3版本之後，原本寂靜無聲的橋段很多都不見了。再加上現在大家都用耳機聽音樂，音景多少受到侷限，聲音也變得比以前扁平。這就是黑膠唱片不同於一般錄音、聲音更**具動感**、音量變化更豐富的原因。

然而，寂靜仍然存在於音樂之中，甚至也存在於新近的錄音裡，只是這些年來略偏高調。製作蕾哈娜的熱門金曲〈鑽石〉（Diamonds）時，製作人便以寂靜開場。根據他們的說法，他們其實每次都以寂靜開場。先是寂靜，然後仔仔細細加上其他元素。不過，第一個元素最重要也最困難。如果樂器太多，概念和聲音層層堆疊，就很難讓作品活起來。做〈鑽石〉這首歌時，他們節制多了，最後的成品就是利用更少元素卻更清楚展現創意的絕佳實例。

很多現代流行歌曲都以寂靜無聲開始，醞釀階段比以前的歌曲還長，接著就是所謂的**高潮**。在這一刻，鼓聲進來，主旋律響起：「我們像天空中的鑽石。」接著，樂音再度安靜下來，同樣的循環一再重複。

生活中的其他事物也一樣。想要傳達重要的事，在重點之前和之後稍作停頓，都是明智的作法。人腦喜歡反差。音景只要改變，我們就會注意聽；如果千篇一律，則會忍不住打瞌睡。

仔細聽ＤＪ在台上表演，一到三個小時下來，你會聽到醞釀和高潮不斷循環。當音量提高，動感增加，高音跟我的身體衝撞時，我會想起聲音是實體的存在，會在空氣中流動，可以讓現場隨之振動。聲音就是移動的空氣。要帶出貝斯的聲音，擴音器需要較大的表面積，因為要移動大量的空氣。相反地，高一點的聲音需要的表面積比較小。

ＤＪ可能會在高潮之前插入一、兩拍靜音。寂靜創造期待，給人什麼事就要發生的感覺。另一種方法是突然來一段高頻率的聲音。重點在於多和少的反差。這個方法每次都奏效。音樂來到一個可能變動的臨界點時，大腦會迫不及待想聽清楚，比方突然靜止，或靜止片刻又出現聲音，或是跳舞時等著音樂或音量改變。那就像你的腦袋在往外延伸。在這種時刻突然浮現腦海的思緒和想法讓我訝異。相反地，如果音景一成不變、毫無驚喜，那麼腦內的神經活動就會靜止下來，因為大腦沒有受到考驗。

26

沉默是如此精準

高分貝噪音有各種表達方式，但我感受過最強而有力的尖叫是無聲的尖叫：孟克（Edvard Munch）的〈吶喊〉。看到畫時我安靜下來，畫與我之間進行著無聲的交流。我知道我不能跳進畫裡，把手放在尖叫者的右肩上，但我對尖叫者仍然有強烈的情感共鳴。

哲學家狄德羅（Denis Diderot）認為，一個人欣賞有趣的藝術作品時，就像失聰者看著已知物品上的無聲標示。這種形容方式雖然有點累贅，但十分精準。當你站在那裡，嘗試去詮釋放在、掛在或呈現在你面前的藝術品時，你也成了失聰者。奇怪的是，這樣的說法用在馬克．羅斯科（Marc Rothko）那些更訴諸內心的畫作上也適用。羅斯科畫作上的長方形色塊，多半是深色系的大膽用色，

Ed Ruscha, *Double Light Leak*, 2005

某方面跟〈吶喊〉剛好相反。畫中似乎蘊藏了滿滿蓄勢待發的能量。「沉默是如此精準。」羅斯科說，拒絕解釋自己的作品。要是他可以直接用語言表達，或許就會選擇寫文章，而不是畫畫了。

我不確定為什麼，但每次欣賞偉大的藝術作品，努力瞭解藝術家想表達的東西時，周圍確實會安靜下來。這多少讓我想起南森說的星空。

好的藝術作品就像一部**思考機器**，反映出藝術家的思想、希望、心情、挫敗和直覺。也許我之所以靜靜坐在藝術作品前面，是因為覺得自己每天都有跟什麼脫節的感覺。此生有涯，我不懂的事太多了，藝術提醒了我這一點。於是，我面對自己正在做的事，變得更誠實、更有衝勁，也得以把世界關在門外。如果我在這上面加上一點點慈悲，就會有類似滑雪歸來筋疲力盡，或是享用過美食、美酒的充實感受。在這之後，我就能專注於我所做的事，不再覺得跟生活脫節。

27

把一張A4白紙放進影印機之後

行為藝術家瑪莉娜．阿布拉莫維奇（Marina Abramović）把寂靜化為一種藝術形式。詩人弗斯把大半書寫留給沉默，阿布拉莫維奇甚至走得更遠；在某些作品裡，她就是沉默本身。她運用沉默，就像音樂家運用聲音或畫家運用畫布一樣。

二〇一〇年，她在紐約現代藝術博物館總共坐了七百三十六個小時又三十分鐘，跟一千五百四十五個看展人相對而視，從頭到尾不發一語。這個作品就名為《藝術家在場》（譯註：又譯《凝視瑪莉娜》）。

坐在博物館裡的頭幾天，她聽到的聲音，跟我們在人來人往的博物館裡聽到的聲音一樣。人走來走去，這裡逛逛，那裡看看，壓低聲音交談。過了幾天，她聽到了博物館外的汽車聲。幾個禮拜後，她聽見汽車開過街上某個人孔蓋發出的顛簸聲。我在現代藝術博物館從沒聽過人群以外的聲音，但是我知道感官在深入荒野多日之後，也會變得無比敏銳；閉上眼睛，嗅覺和聽覺都會變好；遮住耳朵，眼睛可以看得更遠。

阿布拉莫維奇認為，寂靜就是大腦在工作、在思考。若想得到平靜，必須停止思考，什麼也不做。寂靜是幫助我們逃離周遭世界的工具。她說，如果好好利用，它會有如「腦中的瀑布」。把世界關在門外時，空氣中的電流也隨之改變。那可能持續很長一段時間，或許只有一小片刻。這時候就如齊克果所說，時間靜止不動。

這個概念聽起來簡單，其實不然。阿布拉莫維奇第一次前往沙漠時，心裡很害怕。她感受到寂靜的相反，儘管周圍安靜無聲，她聽到的唯一聲音，是自己的心臟把血液打到全身的聲音。

我一直在尋找絕對的寂靜，但從未找到。有個朋友更認真，把自己關在隔音的房間裡。那個房間不僅會把聲音都鎖在裡面，也讓他聽不到外面的聲音。換句話說，房間寂靜無聲。是這樣嗎？我的朋友聽到了心裡的聲音。也許是想像的，也許是血液在體內流動的聲音。我不知道。但我相信絕對的寂靜更可能存在於夢中，而不是真實世界。

混亂。阿布拉莫維奇用這兩個字形容她在沙漠裡的感受。即使周圍的一切寂靜無聲，她腦中還是充斥著斷斷續續的思緒。即使在寂靜之中，她也費盡力氣要找到平靜。記憶和思緒競相爭取她的注意。她說那種感覺是**空洞**的無，但她的目標是要感受**飽滿**的無。空洞的無讓人渾身不舒服，即使到今天，那種感覺還是深深震撼她。

我知道那種感覺。腦中充滿鬱積的思緒，無法把世界關在門外。當下必須**被體驗**，這是阿布拉莫維奇嘗試要做的事，但她的思緒卻繞著過去和未來打轉。這是她必須避開的困境。創造寂靜有時只是一個小小的動作。有時候，我會把零零落落的思緒記在紙上，好將它們清出腦海，過後再去查看筆記，看看有沒有我應該繼續貫徹或記下來的有趣想法。阿布拉莫維奇說，為了淨空腦袋，她會用鼻子緩緩地呼吸，進而掌控呼吸。她說：「一切的重點都在於呼吸。」這麼做幫助她達成**她的**目標，得到飽滿的無，獲得「心靈的平靜」。

（這本書在挪威出版後幾個禮拜，我剛好遇到阿布拉莫維奇。我們談起了寂靜，她說描述寂靜最好的方式，就是把一張A4白紙放進影印機裡，然後將原本和副本擺在一起。「那就是寂靜。」）

28

停頓就像一座橋

我熟記心中的一首詩，是一首俳句，作者是日本詩人松尾芭蕉：

古池邊，
青蛙跳，
水聲響！

當我在心中默念時，我想像在一片靜謐之中，青蛙跳入水中，幾乎無聲，小小的漣漪在原本平滑如鏡的水面上一圈圈擴散，青蛙入水。

另一首日本俳句，則由松島群島某位不知名的詩人所作，只有短短一句：「哦，松島。」我特別喜歡這首詩。詩人顯然為眼前美景深深震撼，最後只能勉強說出該島的名字，旋即又陷入沉默。當真相或真實如維根斯坦和海爾堡所說，無法以言語形容時，叨叨絮語似乎也安靜下來。假如詩人繼續描寫他的感受，反覆思索並形塑概念，只怕他的思考會毀了整首詩。某位禪師如此描述一首壞詩的開頭：就像箭離弓，但「沒有正中目標，目標也不在原位……」，而詩人在太多文字裡胡亂摸索，笨拙前行。

兩個人之間表面上發生的事，自然只占整個故事的一小部分。表面之下還有其他東西在作用。如果將底下的波動記錄下來，把那些聲音用在某個塞爾維亞銅管樂團，說不定也綽綽有餘。我常覺得有什麼事在發生，但多半是一知半解。

到日本旅行時，我覺得自己離理解更近了一些。我不懂日文，但很幸運跟精通日文的人同行。我們挪威人把對話裡的沉默視為一種中斷（好記者都知道，訪談中最美妙的時刻，往往在放下筆電或錄音機、訪談正式結束後才出現），但沉默在日本卻是對話裡很重要的一部分。觀察兩個人說日文較長一段時間之後，總讓我覺得不可思議。要表達短暫的停頓和較長的停頓，原來就跟找到正確的字眼一樣困難。沉默的意涵似乎跟話語一樣豐富。

兩個人在河的兩岸交談。停頓就像一座橋。走過橋，兩人又開始交談。

掌握寂靜，是為了寂靜本身。

29 真正的親密時刻

在兩人關係裡，我有時會渴盼寂靜。我喜歡說，喜歡聽，但根據過往的經驗，真正的親密，要兩人一段時間不說話才能達成。少了伴隨沉默和寧靜而來的溫柔視角，就很難察覺親密關係中的細微差異，瞭解彼此的感受。話語和其他聲音很容易變成一種防衛機制，幫助你逃避事實。當我想要的一切都在懷中，文字就變得多餘。「流行尖端」（Depeche Mode）樂團唱道：

我想要的，
我需要的，
盡在懷中。

這首合成搖滾經典接著唱道，這個時候語言反而會傷人。如同十九世紀法國作家司湯達（Stendhal）在《論愛》（*On Love*）中所說，成功的兩人關係總有懷疑的成分。這份懷疑「為每一刻注入渴望，為成功的愛情賦予生命」。恐懼無所不在時，你就永遠不會對兩人關係裡的滿足快樂感到厭煩。聽來雖然殘酷，但司湯達說的沒錯。生命確實殘酷。若是把兩人關係視為理所當然，我就是把生活推向險境。一般人都覺得攀登聖母峰困難重重，其實挑戰者多半能歷險歸來。然而，把相愛一事視為理所當然，這我絕對不敢冒險。

司湯達說，這種成功的特點是認真以待。對我來說，那就是兩人能靜靜坐在一起、沉默也自在的時刻。

聊天和聽音樂可以打開心門，但同時也關上心門，讓你看不見其他要緊的事。若你的伴侶不瞭解沉默不語的你，難道不會更難瞭解說話時的你嗎？我相信如此。無論如何，戀愛時對心愛之人自然而然說出的話，詩人、作家和音樂家多半早已說過，所以伴侶在其他地方聽過你說的動聽情話的機率很高，甚至比你說的更加動聽。據說神祕主義詩人魯米（Rumi）寫過這麼一句話：「現在我該安靜下來，讓沉默區分何者是真，何者是假。」我深有同感。

30 四分鐘認真的對望

二十多年前，心理學家亞瑟．艾隆（Arthur Aron）找來一群素昧平生的人到他的實驗室，讓這些人墜入情網。兩個人見面，彼此互不相識，但根據之前填過的問卷，雙方其實有不少共同點。實驗期間，配對過的參與者一共要回答三十六個問題，例如：你可以選任何一個人跟你共進晚餐，你會選誰？（第一題）；輪流分享你在搭檔身上看到的正面特質，共說五個（第十七題），請慎選用字；你最珍惜的一段回憶？（第二十八題）。

第三十六個問題是……呃，我建議你自己上網去看。

問題問完之後，兩人要默默凝視對方長達四分鐘。其中有兩名受試者在六個月後結婚，還邀請實驗室的所有人去參加婚禮。

《紐約時報》二〇一五年最火紅的一篇報導，就是把艾隆的實驗付諸實現的女記者曼蒂・蘭・卡特朗（Mandy Len Catron）撰寫的文章。她在文章最後承認，兩人墜入愛河並非偶然，而是一種選擇。她用許多頗值玩味的老套說法，來描述兩人靜靜凝視彼此的四分鐘：

> 我曾經在陡峭的山坡上往下滑雪，也曾用短繩吊在山壁上攀岩，但凝視一個人四分鐘卻是我生命中最驚心、最可怕的經驗。頭幾分鐘，我都在努力讓呼吸平穩下來。雙方緊張地笑著，直到慢慢習慣為止。
>
> 我知道眼睛是靈魂之窗等說法，但那一刻的關鍵不單單是我認眞地看著一個人，而是我看見對方認眞地看著我。一旦領悟這個驚心動魄的事實，讓它慢慢沉澱下來，我便來到了一個意想不到的境界。

那幾個問題很聰明，我自己也試過，幾乎有種催眠的效果。對方聽你說話，你覺得自己被理解。沒有進一步的介紹，對方就看著你、尊重你、聽你說話。問題問完之後，雙方對望（順便一提，四分鐘感覺很長），你會覺得彷彿有一股力量將你們拉向彼此。

31 任由世界在你一腳踏入時消失不見

我學東西一向不快。小時候因為有閱讀障礙，二十歲之前甚至發不出「障礙」兩個字。在遙遠的南極冰原、曼哈頓的地下水道、奧斯陸的健行路線、上班途中、家中躺椅上，我感受到的快樂其實都來自一些小地方：忙了一天後飽餐一頓的滿足感恩；傾聽並觀察平常沒注意到的細微差異；發掘兩隻耳朵之間的新想法和新概念；抓到小魚；小口品嘗食物。

任由世界在你一腳踏入時消失不見。

傾聽，就是尋找新的機會，探詢新的挑戰。最重要的一本書，就是關於你自己的那本書。書本敞開，任你閱讀。我漸漸瞭解，為什麼小時候我會對背著家到處流浪的蝸牛這麼著迷了。我們也可以帶著自己的家，自己擁有的一切，把它放進內心深處。

不時有人問我，滑著雪橇橫越南極最困難的是什麼事？對我來說，答案無疑就是：抵達南極、重新開口說話。抵達目的地時，我聽到自己說的第一句話是：「你還好嗎？」

我已經五十天沒換內衣褲，所以我回答：「髒得像糞坑裡的豬。」重新開口說話，比五十天來一大早起床還要困難。旅途中帶給人的滿足，幾乎總是比抵達終點時來得多。我們享受獵兔的過程，更勝於獵到兔子的那一刻。

32 找到自己的南極洲

我認識的人通常都很博學多聞，就算分給九個人用也綽綽有餘。但世界上沒有一本書，能比**你自己**的親身體驗能帶給你更多的收穫。

所以，深呼吸，放輕鬆。理解寂靜，以及關上世界時如何樂在其中，其實不需要太多知識。如挪威詩人奧拉夫·郝格（Olav H. Hauge）所說，那一點點知識一直埋藏在你心中：

緊要關頭時，
能做的事極少，但
心從來都知道。

哪條途徑才能通往寂靜？當然是走進荒野。把電子產品放在家裡，往一個方向前進，直到四周什麼也沒有。獨自一人過三天，不跟任何人說話，你就會慢慢重新發現自己的另一面。

不過，最重要的不是我相信什麼，而是我們每個人在這條路上的發現。你、我、我的三個女兒，我們都有各自的道路。Sva Marga，走自己的路。追隨很多人思索或相信的寂靜比較簡單，然而，無論是大學教授、心理學家、巴斯卡、約翰・凱吉，或是像我這樣有三個女兒的父親，也無法用語言把一切解釋清楚。自己去探索的感覺很美妙。幸運的是，這件事沒有神奇咒語，全憑個人本事。

以前我必須遠走高飛才能找到，現在我知道寂靜隨處可得，你需要的只有減法。

我們都必須在噪音時代裡找到自己的南極洲。

33

附註

前言

前言提到的這場演講由TEDx團隊於二〇一五年四月二十六日在聖安德魯斯大學舉辦，講題為〈另一場談無的演講〉（Another Lecture on Nothing）。

1

喬恩・弗斯在本章的回覆摘自我跟他之間的電子通信。他在第二十二、二十三問的引言來自〈信仰之謎〉（Mysteriet i trua），一場他與 Eskil Skjedal 的對談（Samlaget, 2015）。

2

我參考的海德格引言主要出自《存在與時間》（*Being and Time*, 1927）。其他（如第十五問）出自他一九五三年針對科技發表的演說〈關於科技的問題〉（The Question Concerning Technology），以及網路上的許多文章。在此聲明：我沒有讀完《存在與時間》。

7

這份有點可疑的金魚研究在網路上流傳甚廣。我參考的主要是這篇文章：http://time.com/3858309/attention-spans-goldfish。

大衛・佛斯特・華萊士的原句出自：http://www.vulture.com/2009/03/will_david_foster_wallace.html。上面還有他的最新著作《蒼白的國王》（*The Pale King*）的初稿。

巴斯卡的話和思想摘自他的《沉思錄》，我讀的是挪威文譯本（PAX, 2007）。

8

第八問提到的研究，有很多人討論及撰文分析。我參考的主要是這一篇文章：www.eurekalert.org/pub_releases/2014-07/uov.dsi063014.php。

我也很榮幸拜讀了史提夫・泰勒（Steve Taylor）的《清醒過來》（*Back to Sanity*）（Hay House, 2012）。以及奧利佛・伯爾克曼（Oliver Burkeman）二〇一四年七月二十日在《衛報》發表的文章：http://www.theguardian.com/lifeandstyle/2014/jul/19/change-your-life-sit-down-and-think。

9

針對推特和其創辦人對自家產品的反省，來自我跟推特創辦人之一伊凡・威廉斯（Evan Williams）二〇一五年秋天在倫敦郊外的對話。

我引用的《紐約書評》文章是二〇一六年二月二十五日刊登的〈我們都無可救藥地上了癮〉（We are Hopelessly Hooked），作者是衛斯伯格（Jacob Weisberg）。

我提到兩趟橫越大西洋的航行，船上的其他成員有：瓦爾（Hauk Wahl）、索斯達（Arne Saugstad）和史托德（Morten Stødle，只有去程）。

10

說「日子一天一天過去」這段話的人是瑞典詩人史提格・強納生（Stig Johansson）。

年少塞內加的話出自《人生苦短》（*De Brevitate Vitae*）。

12

史文德森對無聊的描述出自他的經典之作《無聊的哲學》（*Kjedsomhetens filosofi*, Universitetsforlaget, 1999），以及筆者寫作期間與他的對談。

據我所知，「經驗匱乏」一詞乃由鮮少人知的德國哲學家馬丁．多爾曼（Martin Doehlman）率先提出。他原本的用語是 Erlebnisarmut 及 Erfahrungsarmut。

13

鳥鳴聲一事我是在《一平方英寸的寂靜》（*One Square Inch of Silence: One Man's Quest to Preserve Quiet*）這本書中看到的，作者為戈登．漢普頓（Gordon Hempton）及約翰．葛洛斯曼（John Grossman, Atria Books, 2010）。書中提到《新科學家》雜誌二〇〇六年十二月號，以及《分子生態學》雙月刊的這篇文章：Birdsong and Anthropogenic Noise: Implications and Applications for Conservation。

14

本章提到的地方是丹麥的 Vækstcenteret（成長中心）。我自己從沒去過，但讀過許多相關報導，比方丹麥報紙《政治報》（*Politiken*）的這一篇文章：http://politiken.dk/magasinet/feature/ece2881825/tag-en-pause-med-peter-hoeeg/（文章為丹麥文）。

走路橫越洛杉磯的除了我，還有隆德（Peder Lund）和史卡瓦蘭（Petter Skavlan）。

17 薩克斯的這篇文章〈我的元素週期表〉（My Periodic Table），很多地方都登過，我是在《感恩》（*Gratitude*, Picador, 2015）這本書中第一次讀到。

18 馬斯克和約可薩的引言和看法，是我根據本書脈絡向他們提出的問題，多半是二〇一六年初冬在洛杉磯的事。

19 本章引用維根斯坦的第一段話出自《邏輯哲學論》的最後一句。第二段話出自同一本書的4.1212章節。強調在肖倫工作風景如畫的引言，則出自他一九三六年寫的一封信，我是在維基百科上找到的。

下一段引言出自一本文集：*Wittgenstein and the Philosophy of Religion*, ed. Robert L. Arrington and Mark Addis (Routledge, 2004)。

最後一段引文出自Yuval Lurie, *Tracking the Meaning of Life: A Philosophical Journey* (University of Missouri, 2006)。

20 維根斯坦的這句話出自*Det Stille alvoret*（寧靜的嚴肅）, ed. Knut Olav Åmås and Rolf Larsen (Samlaget, 1994)。

海爾堡的這則軼聞是極地探險家赫曼・梅恩（Herman Mehren）告訴我的，他跟海爾堡很熟，親耳從他口中聽說了這件事。

21 齊克果的這句話出自 Ettore Rocca, *Kirkegaard* (Gyldendal, Denmark, 2015)。

25 何曼森（Tor Erik Hermansen）是電影《星際奇兵》（*Stargate*）音樂製作團隊的兩位成員之一。二〇一六年夏天，他在奧斯陸跟我談了有關寂靜、音樂、蕾哈娜的〈鑽石〉（他們是製作人），還有這本書的其他話題。音樂家馬其納（Mekia Machine）和諾德根（Kaja Nordengen）為第二十五問提供了進一步的資訊。

26 用「思考機器」來形容一件藝術作品很巧妙，但這不是我的創見。我是從其他地方聽來的。

27 我很幸運能在二〇一六年夏天問瑪莉娜・阿布拉莫維奇一些問題。當時她人在賭城阿拉斯加（據她說，那是「地球最可怕的地方」），我人在奧斯陸。跟她一起在賭城的史卡瓦蘭，很好心地根據我們雙方都同意的問題，幫我做了訪問。本章引述的話都出自那場訪談。

我那個把自己關在隔音室的朋友，就是作曲家海斯坦努斯（Henrik Hellstenius）。

28 一般認為〈哦，松島〉為松尾芭蕉所作，但沒人能百分之百確定。此外，這首詩究竟是一句或三句，也眾說紛紜。

松島，啊！
啊！松島，啊！
松島，啊！

哪一首最精準，非我能斷言。但我個人喜歡只有短短一句的版本。描寫壞詩開頭的禪師是鈴木大拙。

29 司湯達的話出自挪威文版本的《論愛》：*Om kjærlighet* (Gyldendal, 2005)。

30 問完三十個問題即墜入愛河的文章，可見：http://www.nytimes.com/2015/01/11/fashion/modern-love-to-fall-in-love-with-anyone-do-this.html。

圖片出處

001／C-print, 50 x 37 1/2" © Catherine Opie, Courtesy Regen Projects, Los Angeles
024／© Erling Kagge
025／© Kjell Ove Storvik
029／© NASA
048／Oil on canvas, 72 x 67" © Ed Ruscha, courtesy of the artist
052／Oil on canvas, 71-3/4 x 67-7/8" © Ed Ruscha, courtesy of the artist
065／© Steve Duncan
080／© Doug Aitken, courtesy of the artist
092／© NASA
105／© Acrylic on canvas, 30 x 64" © Ed Ruscha, courtesy of the artist
117／© Acrylic on canvas, 36 x 67" © Ed Ruscha, courtesy of the artist
138—139／© Haraldur Örn Ólafsson
147／C-print, 50 x 37 1/2" © Catherine Opie, Courtesy Regen Projects, Los Angeles

Catherine Opie, *Sunset*, 2009

walk 16
聆聽寂靜：
什麼是寂靜／何處可尋／寂靜為何如此重要

作　　者　厄凌・卡格（Erling Kagge）
譯　　者　謝佩妏
責任編輯　潘乃慧
封面設計　林育鋒
校　　對　呂佳真

出版　大塊文化出版股份有限公司
www.locuspublishing.com
台北市 105022 南京東路四段 25 號 11 樓
讀者服務專線：0800-006689
TEL：(02) 87123898　FAX：(02)87123897
郵撥帳號：18955675
戶名：大塊文化出版股份有限公司
法律顧問：董安丹律師、顧慕堯律師

總經銷　大和書報圖書股份有限公司
地址：新北市新莊區五工五路 2 號
TEL：(02) 89902588　FAX：(02) 22901658

初版一刷：2018 年 5 月
初版三刷：2021 年 4 月
定價：新台幣 320 元
Printed in Taiwan

國家圖書館出版品預行編目 (CIP) 資料
聆聽寂靜：什麼是寂靜 / 何處可尋 / 寂靜為何如此重要 / 厄凌・卡格 (Erling Kagge) 著；
謝佩妏譯. —— 初版. -- 臺北市：大塊文化，2018.05 ——面；　公分. —— (walk；16)
譯自：Stillhet i støyens tid. Gleden ved å stenge verden ute
ISBN 978-986-213-887-8(精裝)　1. 靈修　192.1　107005019